教科書に書かれなかった戦争 PART65

2015年安保、総がかり行動

大勢の市民、学生もママたちも学者も街に出た。

高田健・著

梨の木舎

目次

＊本文上段のアミ掛け部分は、「戦争させない・9条壊すな・総がかり行動国会前集会」「SEALDs　国会前集会」のスピーチから収録しました。

はじめに　次世代への「希望の伝言」として

【「敷き布団と掛け布団」】

第2次安倍政権の誕生を前後して、この日本社会の政治風景が大きく転換しつつある。「15年戦争」の敗戦に際して、ポツダム宣言を受け入れ、日本国憲法を制定して以来、まがりなりにも「平和国家」として70年近くを歩んできたこの社会の価値基準、安倍晋三首相がいみじくも「戦後レジーム」と呼んだ価値基準が大きくねじ曲げられ、崩れ去ろうとしている。物心がついて以来、「平和憲法」と呼ばれる日本国憲法が最高法規であった時代を私は生きてきた。私自身の生き方が、これからの日本社会にとってどのような意味があるのか。この歴史的転換期にあって、これから到来する新しい時代を見すえておきたい。

２０１４年から16年にかけて、多くの人びとが日本国憲法の理念を破壊する安倍晋三首相らによる「壊憲」（憲法破壊）に反対し、「新たな戦前」の到来を拒否してたたかった。そしていまなおたたかいは継続している。「２０１５年安保」闘争の渦中にあった市民の１人として、その経験をふり返り、次の時代を担う若い社会活動家たちに、未来への「希望」としての伝言をおくりたい。

２０１５年安保闘争のメディアによる報道や記録は、ともすると、ＳＥＡＬＤｓ（自由と民主主義のための学生緊急行動）やママの会（安保法制に反対するママの会）などの新しい運動体の動向の紹介に偏ったきらいがある。とりわけ、ＳＥＡＬＤｓが解散するということになった２０１６年8月15日を前後する報道は、あたかも２０１５年安保闘争を主導したのはＳＥＡＬＤｓのみであり、それが「解散」するのだという「安保闘争」へのレクイエムのような論調であった。

一面では、これはやむを得ないことだとは思う。商業メディアや一部研究者にとっては「新生の事物」が関心事であり、かの世界では「犬が人間を噛んでもニュースにはならないが、人間が犬を噛むとニュースになる」のが常であるからだ。しかし、後述するように、これらの新しい社会運動体に加えて、筆者が関わってきた「戦争させない・９条壊すな！総がかり行動実行委員会」のような、メディア受けはしないが、ながい歴史を背負った、左派的な社会運動の存在なくして、「２０１５年安保」はあり得なかった。そして、その中にも若者や女性たちの運動はすくなからず存在し、ＳＥＡＬＤｓの解散後もそれらの人びとは反戦平和の旗を高く掲げ、力強く運動を続けている。また、ＳＥＡＬＤｓも、多くが全国各地で市民と共に運動の現場にあるし、立憲主義や民主主義のためのシンクタンク（ＲｅＤＥＭＯＳ）をつくった人びとや、市民連合の事務局で活動を継続している人びともいる。筆者は、ここにたしかな

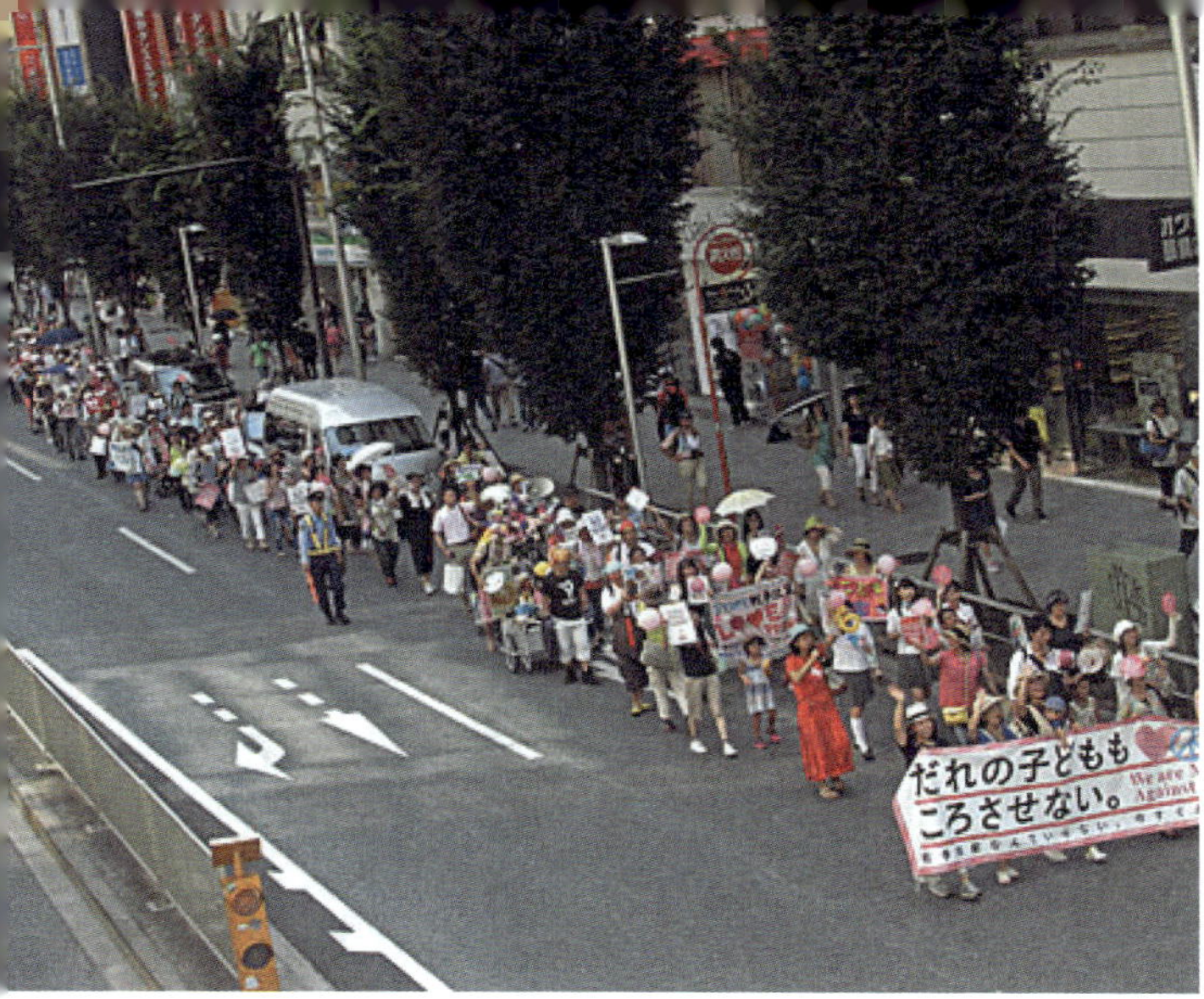

「だれの子どももころさせない。」のスローガンで登場した「ママの会」（2015.7.26）

「希望」を見いだしている。

自ら「立憲デモクラシーの会」という運動体のメンバーでもある政治学者の中野晃一氏（上智大学教授）は早くから、この「総がかり行動実行委員会」などとSEALDsやママの会、学者の会（安全保障関連法に反対する学者の会）など新しい市民運動の共同の関係に注目し、それを「敷き布団と掛け布団の関係」としてとらえ、各所で発言していた。いまでは運動圏ではこの中野教授の比喩はよく知られている。

「夏は、あんまり掛け布団がいらず、敷布団だけあれば寝られるんですが、冬になると、あったかい掛け布団がでてくるとうれしい。寒さって下からくるので、敷布団がしっかりあって断熱してくれるから、上の羽毛布団があれば、あったかく感じる。そう考えてみると、『総がかり行動実行委員会』の方たちなど、平和運動をずっとやってこられたような方たちは本当に『敷布団』のようなもの。その後、『立憲デモクラシーの会』とか『学者の会』とか日弁連とか、ママの会、シールズという、どんどん『掛け布団』が重なってくるところがあった。どうも『敷布団』に対する感謝が少ないなと思って（爆笑）。おわびのような思いも込めて言ったんですね。少し失礼かなと思ったら、意外と喜んでくださって」（２０１５年10月21日、「しんぶん赤旗」共産党小池副委員長（当時）との対談）。

「安保法制に反対する学者の会」の国会請願デモ（2015.7.31）

本書は主として、この「敷き布団」の視点から見た「２０１５年安保」闘争である。

【安倍政権の極右性と改憲】

２０１６年、参議院議員選挙につづいておこなわれた東京都知事選挙が終わった直後に、第３次安倍内閣第２次改造内閣が組織された。安倍晋三総裁を頂点にして、自民党の４役に超右翼の古谷圭司・選対本部長が加わり、内閣には極右集団「日本会議」の壊憲タカ派・歴史修正主義者として知られる稲田朋美が防衛相として就任した。20人の閣僚中16人が日本会議国会議員懇談会のメンバーで、残る４人のうち公明党の石井国土交通相以外の３人はいずれも神道政治連盟国会議員懇談会メンバーという布陣で構成されている。新内閣は、戦後に類例を見ない極右シフトの内閣であり、戦争法制定後の日本社会が文字どおり「新たな戦前」になったことをまざまざと示したものであった。２０１４年年頭、安倍晋三の「１強体制」と呼ばれる独裁的な強権体制の下で、今後の日本の安保・外交問題の中枢を担う機関として発足した国家安全保障会議（日本版ＮＳＣ）の司令塔である「４大臣会議」は、今日、稲田朋美防衛相（日本会議議連政審副会長、神道議連）を含めた安倍晋三首相（日本会議議連特別顧問、神道議連会長）、菅義偉内閣官房長官（日本会議議連

沢山の多様なプラカードがかかげられた

副会長、神道議連）、岸田文雄外相（日本会議議連、神道議連）によって構成されることになった。そしていま世間では安倍首相がこのとんでもない歴史観をもつ稲田防衛相を自らの後継者の一人、将来の首相候補に想定しているという説がまことしやかに流れている。

のちに詳述するが、安倍首相は２０１６年夏の参院選の街頭演説で「改憲問題」に一言も触れずに、結果として改憲派の議席において両院の３分の２をかすめ取った。にもかかわらず首相は、選挙直後の記者会見で改憲に言及し、「いかにわが党の案（自民党改憲草案）をベースにしながら３分の２を構築していくか。これがまさに政治の技術」（７月11日）だと言い放ったのである。これは選挙で政策を提示し、民意を問うという代議制民主主義へのあからさまな挑戦である。このような文脈で「政治の技術」という用語を使う安倍晋三首相の思想は、民主主義とはほど遠い、まさに独裁者の思想ではないのか。

つづいて内閣改造後の８月３日の首相記者会見では憲法問題について、次のように発言した。

「改憲は立党以来のわが党の党是と言っても良い。私は総裁だから実現のために全力を尽くすのは当然で、歴代の自民党がそうだったように、この課題に挑戦をしていく責務を負っている。自分の任期中に果たしていきたい、こう考えるのは当然のことで、歴代の自民党の総

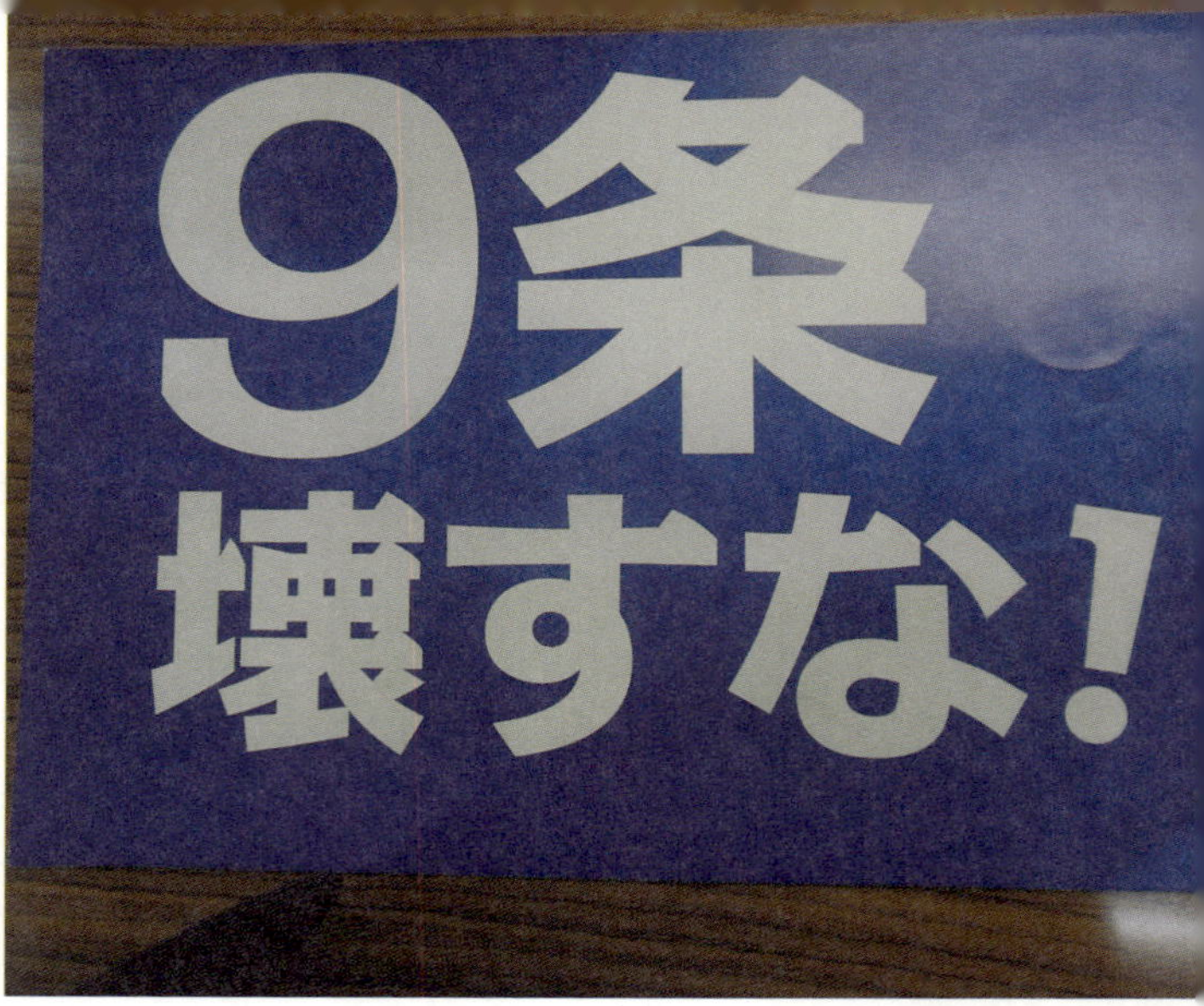

「9条壊すな！」は参加者の共通の意志になった

裁もそうであったと思う。そう簡単なことではないのは事実で、政治の現実において一歩一歩進んでいくことが求められている。改憲は普通の法律と異なり、3分の2の賛成で発議する。国会は発議することが役割であり、国民投票によって過半数の賛成を得て決まるので、与党が賛成すればできるものではない。その数を選挙で得たからと言って、改憲が成し遂げられるものではなくて、大切なのは国民投票でその過半を得ることができるかということではないか。まずは具体的にどの条文をどのように変えるかは、国民的な議論の末に収れんしていくと思う。まずは憲法審査会の中で、静かな環境において（議論し）、所属政党にかかわらず、政局のことは考えるべきではないと思う。日本の未来を見据えて議論を深めていって、国民的な議論につながっていくことを期待したい」と。

安倍晋三首相は２０１６年年頭からしきりに自分の「任期中の改憲」について触れていた。自民党の総裁は党則で、任期が3年で連続2期までと定められ、現在2期目の安倍総裁の任期は、２０１８年9月までとなっている。しかし、このところ改憲反対が多数を占める世論の動向から、時間的に見ても明文改憲の実現の条件は極めて厳しくなっていた。そこに降って湧いた自民党の谷垣前幹事長の交通事故を奇貨として、安倍は自民党執行部の中心の幹事長職に従来から「安倍首相任期延長

日米ガイドライン改定に反対する院内集会（2014.9.29）

論」を唱えていた二階俊博氏を据え、党則の変更と総裁任期の延長による長期政権の実現によって明文改憲のための時間稼ぎを可能にする党執行部体制づくりを断行した。自民党の総裁任期の延長を議論する「党・政治制度改革実行本部」（本部長・高村正彦副総裁）は自民党の総裁任期の延長を決めた。党としては、２０１７年３月の党大会で党則を改正し、３期９年まで延長とする方向である。この党則変更によって、安倍首相とその取り巻きは東京オリンピック後の２０２１年までの長期政権をめざしている。この任期延長という独裁者が常とする政治手法によって、安倍首相の任期中の改憲の可能性が現実味を帯びてきた。この間に早ければ２０１６年年末前後と言われている総選挙があり、２０１９年夏には次期参院選がある。安倍晋三首相はこうしてルールを変え、土俵を押し広げて念願の「憲法改正」に挑もうとしている。

安倍首相は第１９２回国会の所信表明演説の結びでこう述べた。

「憲法はどうあるべきか。日本が、これから、どういう国を目指すのか。それを決めるのは政府ではありません。国民です。そして、その案を国民に提示するのは、私たち国会議員の責任であります。与野党の立場を超え、憲法審査会での議論を深めていこうではありませんか」

行政府の長である首相自らが国権の最高機関である国会の場で改憲を

さようなら原発　さようなら戦争全国集会・代々木公園（2015.9.23）

求めるという異例の発言である。安倍晋三首相は従来から憲法の「三権分立」を理解していないと指摘されてきたが、この発言はその指摘の正当性をまざまざと示すものだ。

最高権力者の安倍首相の意志で憲法審査会の改憲派が明文改憲に着手し、改憲原案を作り、憲法の争点隠しの手法で手に入れた両院の総議席の3分の2によって改憲を発議し、国民投票にかけるとすれば、これぞ「立憲主義」の禁じ手、プレビシット（いわゆる人民投票＝為政者が自らの政策を正当化するために利用する国民投票）そのものに他ならない。改憲原案の案文と改憲発議の時期、および国民投票の制度設計は国会の主導権をもつ安倍政権与党によって慎重に検討され、改憲派が勝利すると判断できる場合にのみ、実行されるに違いない。なぜなら、もしも安易に改憲を発議して敗北した場合に、改憲派がうけるダメージは決定的だからである。

【2015年9月19日、戦争法成立】

2015年9月19日、限定付ではあれ集団的自衛権の行使を正当化する憲法違反の戦争法（安保法制）が成立した。法律的には日本は海外で戦争ができる国になった。今日、安倍政権のもとで、1945年の敗戦以来70年つづいてきた「戦後」は終わり、時代は「新たな戦前」というべき歴史的岐路に立った。安倍政権の暴走が止まらない。しかし、この

TPP 絶対反対・全国集会
(2016.10.15)

岐路において歴史を動かしているファクターは、安倍晋三を中心とする戦争する国と改憲の政治勢力だけではない。もう一つのファクターとして、「２０１５年安保闘争」にみられるような戦争する国への道に反対する広範な市民の運動がある。現在、この二つのファクターが激しくたたかっている。

このたたかいは直接的には２０１３年後半の秘密保護法反対闘争を契機としている。少し長期に見れば２０１１年の３・11東日本大震災と東電福島第１原発の爆発以降、全国各地で展開された脱原発の新しい市民運動がある。これは首相官邸前からはじまり、各地に広がり、「金曜行動」として定着した。これらの運動と13年の秘密保護法反対運動と１４年７月１日の集団的自衛権の憲法解釈を変更する閣議決定に反対する動きとが同調した。従来、分岐していた反戦平和運動の大合流体として同年末に誕生した「戦争させない・９条壊すな！総がかり行動実行委員会」につながりそれらを軸とした２０１５年安保闘争の歴史的な闘いが繰り広げられた。この過程でＳＥＡＬＤｓや学者の会、ママの会、立憲デモクラシーの会などの新しい運動体が誕生し、それぞれが運動の極めて重要な一翼を担った。それらは２０１５年９月の戦争法強行成立を経て同年末の「市民連合（安保法制の廃止と立憲主義の回復を求める市民連合）」の結成に連なり、それが２０１６年参院選における「４野党＋市民連合」の画期的な政治的枠組みを生みだし、野党共闘を主導して、安倍政権与党の心胆を寒からしめるたたかいを展開した。

この二つのファクターの抗争が今後どのように展開されるのか。平和と国際的な共生、民主主義と人権が保障される豊かな社会をめざす私たちの市民運動にとって、時代は容易ではない厳しい段階に入りつつある。しかしこの時代は暗黒の時代ではなく、市民運動の勝利への希望をつなぐことのできる時代でもある。

筆者は2015年安保の国会前集会のスピーチにおいて、何度か魯迅の「故郷」の「希望」を引用した。「思うに希望とは、もともとあるものとも言えぬし、ないものとも言えない。それは地上の道のようなものである。もともと地上には道はない。歩く人が多くなれば、それが道になるのだ」と。

1章 暴走を始めた安倍政権

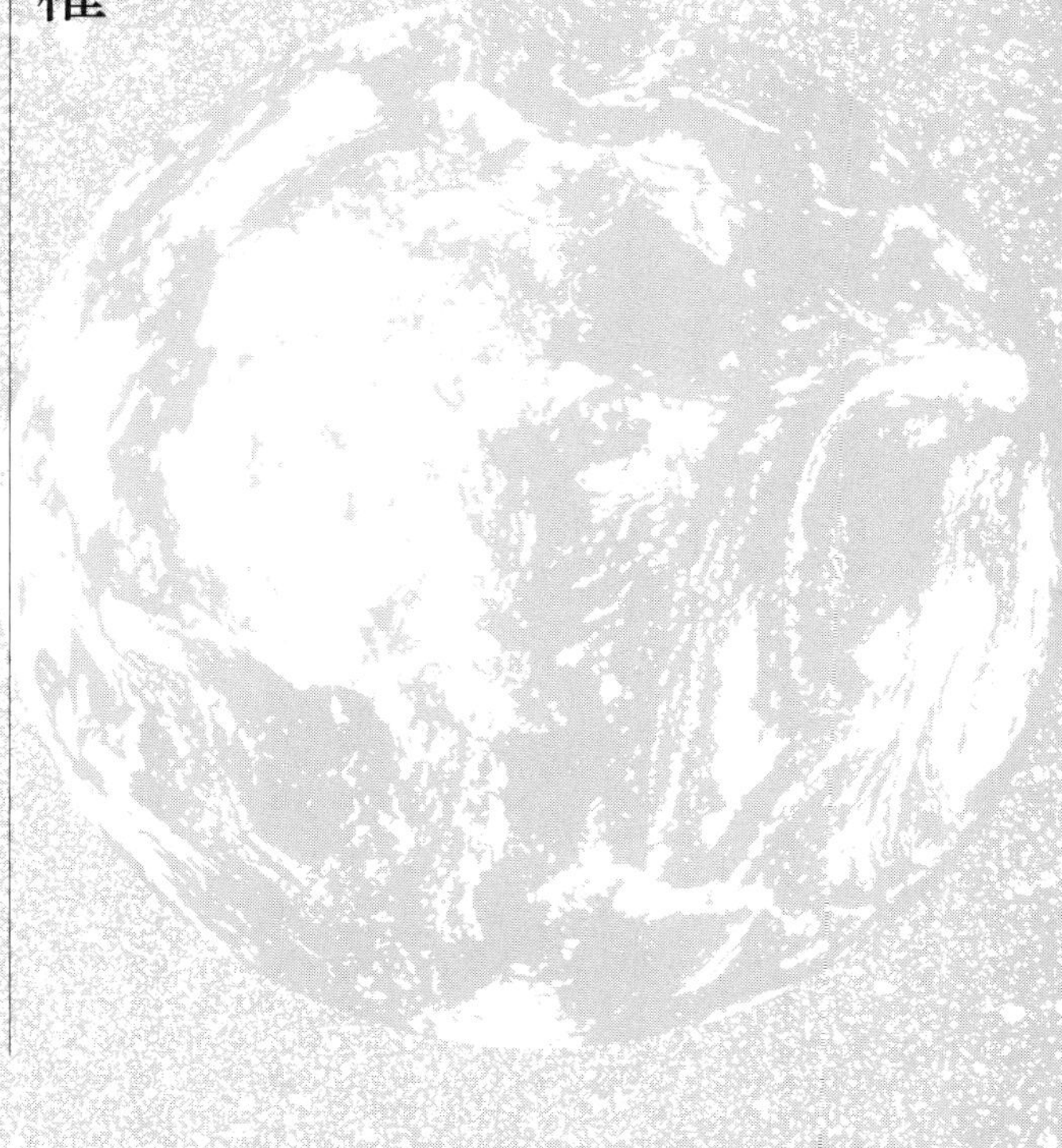

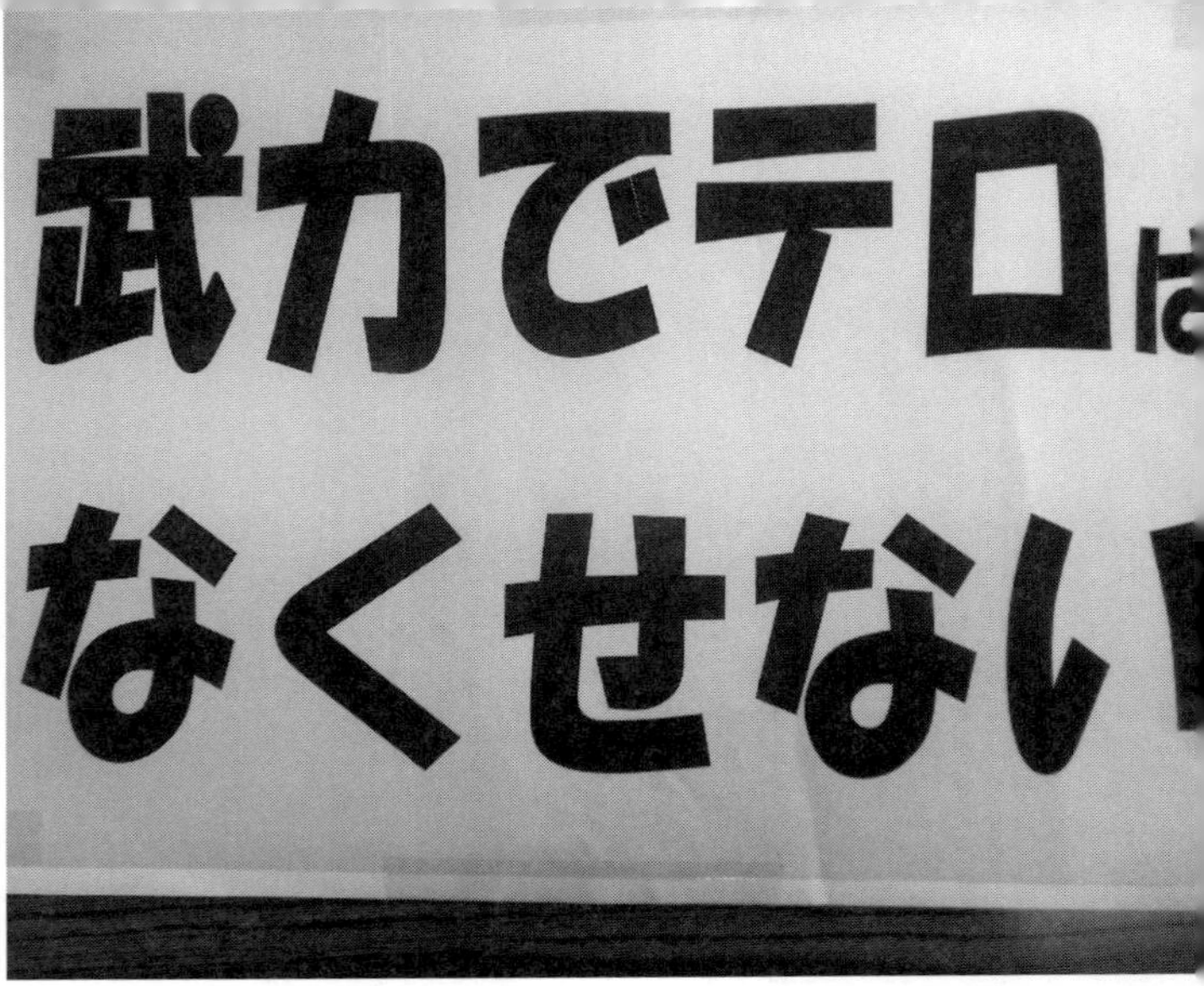

【左右の社会的激突の時代】

第２次世界大戦後、世界を東西両陣営に分割し、対立してきた冷戦体制は２０世紀の末にソ連の敗北として崩壊した。しかし、フランシス・フクヤマ（米国の政治経済学者。ネオコンの代表的人物。１９９２年に『歴史の終焉』を出版）の期待に反して「歴史は終焉する」ことなく、新たな対立と抗争の時代に入った。

２０１１年のニューヨークでの「９・11事件」とその後のブッシュ米国大統領による「反テロ報復戦争」「イラクの大量破壊兵器保有に対する先制攻撃」を口実にしたイラク戦争の強行は、中東地域だけでなく全世界をあらたな激動の時代に陥れた。以来、今日なお中東地域では15年以上にわたって戦争がつづいており、テロと報復戦争が入り乱れ、おびただしい数の死傷者が発生し、膨大な数の難民が全世界に広がり、各国を不安定化の渦に巻き込んでいる。この渦に巻き込まれた西欧資本主義は新自由主義の台頭のなかで、重大な困難に直面し、冷戦に勝利したはずの欧米諸国もまた危機の例外地域ではあり得なくなった。そのような中で発生した「アラブの春」をはじめとする民衆の運動は全世界に伝播し、中東地域のみならず、韓国、台湾、ビルマなど、東アジアや中南米

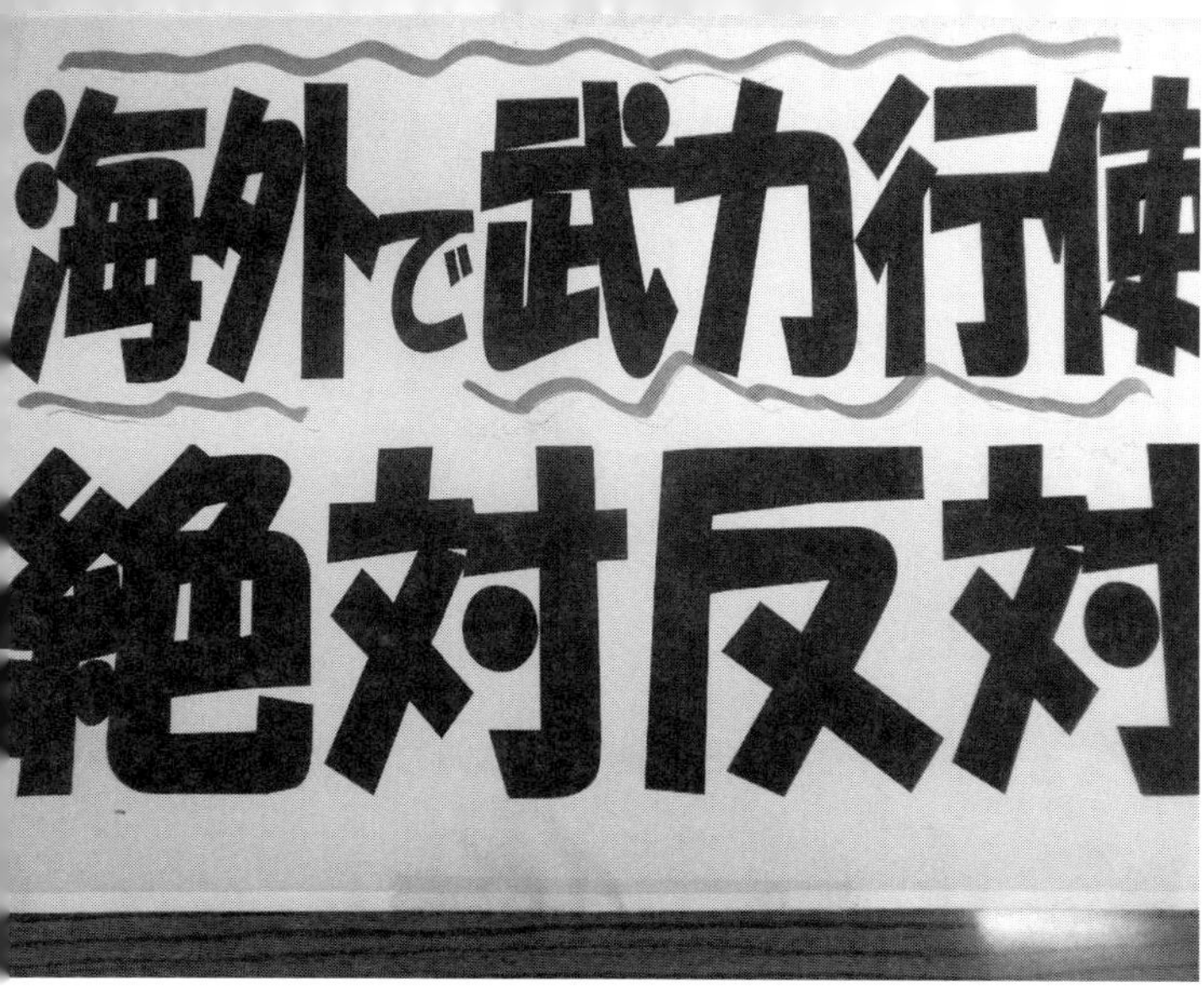

でも民衆のたたかいが躍動した。それはいわゆる第三世界にとどまらず、イギリス、ドイツ、スペイン、アメリカなど欧米各国にも民衆運動のあたらしい流れが登場し、その最たるものが米国の民主党大統領選挙におけるサンダースらの民主主義的社会主義運動や英国労働党内の左派コービン党首らの台頭、スペインにおけるポデモスなどであろう。そして、これに相対するかのようにアメリカの新大統領トランプをはじめとする欧米諸国での排外主義・ナショナリズムの極右勢力、あるいはネオナチなどの台頭も、現代社会の対立と分裂の時代の深刻さを象徴している。世界は閉塞した現状の打破と改革をもとめて、左右の勢力の新たな台頭と激突の時代を迎えつつある。

【世界的な右派台頭の一環としての安倍政権】

日本社会における２０１１年３・11以降の新たな市民運動の台頭が極右・安倍政権の下で起こっていることも、この世界史的な流れの一環に他ならない。

２００６年から２００７年の第１次安倍政権の崩壊後、５年あまりで再登場した第２次安倍政権（２０１２年12月）も、日本の戦後政治の伝統的な親米・従米路線を基調とするものであり、イデオロギーとしては「日本会議」という偏狭なナショナリズムと歴史修正主義の極右勢力を背景に、経済政策では新自由主義を掲げる特徴をもっている。

現在、自民党が持っている「日本国憲法改正草案」（2012年4月27日決定）について、安倍晋三は「自分が自民党総裁の時代につくったものではない」などと弁解するが、実際のところ安倍晋三ら「日本会議」に連なる極右部分の意志を反映して作成された改憲草案であることは疑いない。この自民党の改憲草案は日本国憲法に対する全面的な対案・改憲案であり、めざすところは壊憲、すなわち第9条を中心にした日本国憲法の3原則（平和主義、主権在民、基本的人権の尊重）を根底から覆そうとするものである。第2次安倍政権以降、小選挙区制の助けをかりて確立した安倍晋三による1強独裁体制のもとで自民党はこの具体化と改憲をめざして暴走を重ねている。

第2次安倍政権は第1次政権以来のキャッチフレーズ「戦後レジームからの脱却」に加えて「積極的平和主義」をとなえて、国際舞台において先進資本主義大国と経済的、政治的、軍事的にも対等に伍していくことのできる「普通の国」になろうとしている。安倍政権は親米・従米路線を前提にして、今日、東アジアにおいては中国や北朝鮮との緊張関係をむやみに拡大しながら、一方ではなりふり構わず、「地球儀を俯瞰する外交」の名の下に「援助」と「投資」によって莫大なカネを振りまき、国連常任理事国入りの支持票を獲得しようとしている。こうした安倍政権が「戦争法」の成立と発動で、国際的な軍事力の行使に踏み出したことは、世界の平和と安定に資するどころか、逆行するものである。

9条世界会議関西2013
(2013.10.14)

一方、この安倍政権のもとで、草の根の右翼勢力が台頭してきていることも見逃せない。安倍政権を支える「日本会議」の動きだけではなく、ヘイトスピーチを振りまくデモを組織する在特会などの極右勢力の動きもある。ヘイトスピーチに対しては、市民がカウンターとして行動を起こし、抗議している。かつての東京都知事選に田母神俊雄が立候補したことや、今回の都知事選に在特会の桜井誠が出馬したことも見逃せない動きである。沖縄の高江での住民運動の弾圧にでてきた警察機動隊員が市民にむかって「土人」「シナ人」と暴言を吐いたことも、これらの風潮との関連の中で考えられるべきことである。

【96条改憲論の破産】

第1次安倍内閣においては、憲法9条の明文改憲を打ち出したが、その企ては全国で一斉に高まった「9条改憲反対」の世論の前に破産した。この時期、小泉純一郎首相や安倍晋三らの憲法改悪の動きに危機感を持った加藤周一、井上ひさし、大江健三郎、小田実、澤地久枝ら9人の知識人が呼びかけた「九条の会」運動(2004年)は、毎年あらたに1000カ所近くの草の根で結成され、現在、公称7500の九条の会があるといわれるほどに、かつてない勢いで全国に広がった。そればかりか、「憲法行脚の会」「許すな!憲法改悪・市民連絡会」など、改憲に反対する市民運動が生まれ、勢いを増し、積極的に世論に働きかけた。

戦争法廃止九条の会記者会見（2016.2.8）

読売新聞社が毎年実施する「憲法世論調査」では、第1次安倍政権が登場した2006年には「改憲賛成」が56%、「反対」が32%（「9条守る」が54%、「変える」が39%）であったのに、安倍首相が辞職した07年には「改憲賛成」が46%、「反対」が39%（「9条守る」56%、「変える」が36%）となり、翌08年には「改憲」と「反対」が拮抗して43%、「9条守る」は60%、「変える」は31%になった。安倍晋三はこの改憲に関する世論のトレンドを見て、自らの「9条明文改憲の企て」を断念せざるを得なかったことは間違いない。

安倍首相の復活は、安倍晋三派が必ずしも強かったことを意味しない。むしろ安倍は2012年の総裁選においては自民党の多数派ではなくダークホース的な存在であった。しかし、彼は派閥の合従連衡で総裁の座を手に入れ、小選挙区制をフルに活用して党内で強大な権限を持つようになり、着々と「1強体制」を敷き始めた。

第2次安倍政権では第1次政権の失敗の経験を総括し、世論の反発が強い9条から改憲に手をつけるのではなく、迂回して憲法第96条からの明文改憲推進という方針に転換した。

96条第1項には「この憲法の改正は、各議院の総議員の3分の2以上の賛成で、国会が、これを発議し、国民に提案してその承認を経なければならない。この承認には、特別の国民投票又は国会の定める選挙の際行われる投票において、その過半数の賛成を必要とする」とある。

安倍晋三曰く、「（3分の2が必須というのは）たった3分の1の国会議員が反対することで、国民投票で憲法を議論する機会を奪っているのは、どうみても民主主義に反している」と。

再起した安倍晋三は2012年12月の総選挙での大勝利の勢いに乗って、96条改憲なら、世論の支持を得て、ともかくも明文改憲を実現できるし、これを安倍がめざす9条改憲への一里塚にしようと考えた。これは有権者に「改憲馴れ」させるという「お試し改憲」の類である。しかし、戦後68年にわたって、とりわけ日本国憲法とその平和主義をはじめとする3原則の下で、闘い、積み重ねてきた民衆の運動とそれによって作られてきた民意は、96条先行改憲論が日本国憲法の根本的原則である立憲主義の破壊であることを見抜き、「九条の会」をはじめとした96条先行改憲に反対する運動が短期間のうちに急速に高揚した。広範な研究者などによる「九条の会」ならぬ「96条の会」なども誕生した。安倍らの期待に反して、各種の世論調査でも96条改憲の企ては孤立した。2013年の参議院選挙で96条改憲をねらう明文改憲3派（自民、維新、みんな）で3分の2議席を確保するという目標は失敗に終わった。安倍首相は「96条先行改憲を強行しても、国民投票の場を含めて、勝利はできない」と考えざるを得なくなった。これは安倍首相の大誤算であり、

96条改憲反対運動の大きな勝利だった。

もともと自民党などによる冷戦後の9条改憲論のねらいは「集団的自衛権が行使できる国づくり」をめざすもので、米国と共に海外で戦える日本の実現にあった。安倍首相ら改憲派は日本の民衆の思考の中に根強く巣くうナショナリズムを利用し「中国脅威・敵視」論や、北朝鮮脅威論を喧伝して、安保防衛体制の強化を訴え、改憲の条件を作ろうとしてきたが、9条明文改憲の実現は今日の世論の前では容易ではない。改憲派も明文改憲の実現には時間がかかると考えざるをえなくなっている。しかし、96条先行改憲という迂回作戦にも失敗した結果、安倍首相らは明文改憲の企てを当面は断念し、集団的自衛権の行使に向けて、歴代政府によって打ち立てられてきた9条に関する解釈の変更と、さまざまな立法による「実質的な改憲状態づくり」を推進するという道に大きく舵をきらざるを得なくなった。

【改憲策動の転換——明文改憲から解釈改憲へ】

安倍内閣は2013年8月、こうした憲法解釈の変更の障害になるとして、歴代政府による集団的自衛権行使違憲論を堅持していた内閣法制局の変質を企て、当時の山本庸幸長官の事実上の更迭（最高裁判所判事に転出）を強行し、法制局の経験のない、集団的自衛権行使合憲論者・駐フランス大使の小松一郎を長官に据えた。これは歴代の長官が内閣法制局出身者であるという慣例を破った人事であり、極めて異例のやりかたであった。内閣法制局は、内閣が国会に提出する法案を、閣議決定に先立って憲法など現行法制からみて問題がないかどうかを審査することから「法の番人」と呼ばれてきた。しかし、この措置によって、内閣法制局は名誉ある「法の番人」から、政府の意志を忖度して動く「内閣の番犬」に変質した。

さらに加えて、２０１３年9月17日、安倍首相の息がかかった「お友達」ばかりで構成されているとの批判を受けていた首相の私的諮問機関「安全保障の法的基盤の再構築に関する懇談会」（安保法制懇・２００７年に発足）を再起動させ、解釈改憲の準備に入った。

これらの措置をとることで、安倍政権は世論の壁で打開困難な明文改憲にかえて、解釈改憲の道をすすむことに転換したのである。

２０１３年10月15日から始まった第１８５臨時国会は、会期を延長した上、重要法制を立て続けに強行した。安倍内閣は１８５回国会が「臨時国会」であるにもかかわらず、国の基本問題に関わる重要法案、国家安全保障会議設置法、特定秘密保護法などを世論の批判と疑問が極めて大きく表明されるなか、短期間に審議も尽くさないままに与党などの多数で強行採決を行った。

11月27日、参院本会議で自民、公明、民主、みんな、日本維新の会の各党などの賛成で強行可決された国家安全保障会議（日本版ＮＳＣ）設

秘密法反対・日比谷野音
(2013.12.6)

置法は、首相が議長となり、官房長官、外相、防衛相の4者会合を中核とし、外交・安全保障政策の基本方針や中長期的な戦略を決める司令塔的機関である。これは12月6日に参院で自民、公明の賛成で強行採決された秘密保護法とともに、集団的自衛権についての憲法解釈を変えて「戦争する国」を準備するための法制度である。安倍政権はNSC設置法案をほとんど国民的議論がされないうちに採決したのにつづいて、秘密保護法案を異常なスピードで強行した。秘密保護法は国の安全保障に関して特に重要な情報を「特定秘密」に指定し、それを取り扱う人を調査・管理し、それを外部に知らせたり、外部から知ろうとしたりする人などを処罰することによって、「特定秘密」を守ろうとする、人権侵害と戦争準備の稀代の悪法である。国会を取り囲む巨大な人波の中で、その波及を極度に恐れた強行採決だった。

【秘密保護法――「何が秘密？　それは秘密」】

２０１３年秋の秘密保護法に反対する民衆のたたかいは画期的な高揚を示した。当初、運動の主体の側には「なかなか問題が一般に浸透しにくい」と嘆く声もあったが、秘密保護法に反対する運動は10月後半からは急速に燃え広がった。

10月中旬、従来から盗聴法に反対してきたグループや憲法関連の市民運動などによって、「『何が秘密？それは秘密』法に反対するネットワー

秘密法反対！ 国会請願デモ（2013.12.6）

ク」（略称・秘密法反対ネット）が結成されたことを契機に、この市民運動の努力で、11月21日に連合左派系の運動を含む1日共闘形態で大規模な秘密法反対集会が企画された。11・21実行委員会には秘密法反対ネットを中心に新聞労連、平和フォーラム（連合左派系が主力）、5・3憲法集会実行委員会（市民系、共産党系を含む）、秘密法に反対する学者・研究者連絡会などが「呼びかけ5団体」として結集し、これを軸に様々な市民団体やグループが参加して、「STOP！秘密保護法11・21大集会実行委員会」が結成された。この実行委員会の特徴は、従来の諸課題での共同闘争の枠組みを大きく超える形での結集が実現したことであり、特に労働組合運動の分野では新聞労連など中立系組合と平和フォーラムなどに結集する連合系労組や、5・3実行委員会などに加わっている全労協（中立系労組）、全労連（共産党系労組）などが参加し、共同したことだ。そしてこの運動を、弁護士の強制加入団体である日本弁護士連合会が「後援」するという決定をして協力した。この幅広い仕組みの運動の成立に呼応して、全国各地で市民集会やデモなどの行動が行われた。

21日の日比谷野外音楽堂の集会は会場が満員になり入場封鎖するほどで、参加者数は会場内外に9000人に上った。会場では広範な市民層の参加を反映して「市民個人席」「市民グループ席」が大きな割合を占めた。

日本弁護士連合会も立ち上がった（2015.2.11）

その後、この実行委員会は1日共闘から臨時国会会期中の秘密保護法に反対する共同行動機関（秘密保護法廃案へ！実行委員会）に再編された。12月1日に開催された日本弁護士連合会による新宿駅西口の街頭演説会に対しては市民の「実行委員会」が「後援」して協力するという画期的な運動も実現した。国会の緊迫を反映して、この実行委員会は連続的に、12・2国会キャンドル行動（1500人）、平日の正午からの12・4国会包囲ヒューマンチェーン（6000人）、参議院特別委員会の強行採決時には12・5国会前集会（昼、夜）と多彩な形態で継続され、参院本会議の強行採決を前にした12・6日比谷野外音楽堂の集会（日弁連が後援）には、前回を大きく上回る1万5000人が参加し、その後、人々の波は夜遅くまで国会を包囲した。

一方、この間、学者や研究者、芸術家、文化人、報道界、宗教者など多くの著名人の団体も、連日のように次々と反対を表明した。これらの動きを主要メディアが連日報道した。大量のチラシはもとより、ツイッター、フェイスブック、ブログなどインターネット・メディアも運動の伝播に大きく貢献した。国会の周辺は連日、市民のロビイストや抗議の人波が絶えることがなかった。

衆議院段階では議席の数に任せて強行突破した安倍政権は、こうした院外の情勢を反映して参議院段階では動揺し、秘密法の監視機関の設置などの弥縫策を相次いで打ち出したうえ、予定した5日の本会議強行採決を断念した。安倍政権は会期末の6日ギリギリの場面で2日間の国会延長策を担保にして、参院本会議で強行採決にでるしかなかった。

「秘密保護法」は強行採決されたが、この安倍政権を追いつめた2013年末の秘密保護法に反対する共同行動の展開は、市民の政治運動を再起動させ、のちの2015年安保闘争での「総がかり行動」への布石となった。

【安倍内閣が強引に進めた解釈改憲の閣議決定】

2014年の通常国会が始まると、2月13日、安倍首相は国会で「政府の（憲法解釈の）答弁に私が責任を持って、その上で、選挙で審判を受ける。審判を受けるのは内閣法制局長官ではない」などと発言した。これは選挙で多数派になれば、その時々の内閣が勝手に憲法解釈を変更できるというもので、憲法の3権分立と立憲主義の精神を真っ向から否定するものに他ならなかった。

安倍首相はこうした乱暴な憲法観に基づいて、先に再開した「安全保障の法的基盤の再構築に関する懇談会」の答申を受けて、歴代政権による集団的自衛権の解釈の変更の閣議決定を強行し、そのうえでただちに安保関連法（戦争法）の整備に着手しようとした。

安倍首相が2013年9月の「安全保障と防衛力に関する懇談会」でのあいさつで持ち出して以来、同月の国連演説などで繰り返し言及した

集団的自衛権行使容認に抗議する総がかり行動の銀座デモ（2014.9.4）

「積極的平和主義」は戦後社会に定着してきた憲法の平和主義を否定するためのものに他ならない。国連演説の前日、首相がニューヨークのハドソン研究所で「私は愛する国を積極的平和主義の国にしようと決意している」と発言し、「ＰＫＯの現場で他国の軍隊から助けを求められても、日本の部隊は助けることができない」「日本近海の公海上で攻撃を受けた米海軍のイージス艦を助けることもできない」と例示して、「（それは）集団的自衛権の行使となり、違憲になってしまうからだ」と、憲法解釈を見直し、「集団的自衛権」の行使にむけ「真剣に検討している」と表明した。そして、「私の国はアメリカが主導的役割を発揮している地域および世界の安全保障の枠組みでの弱い環であってはならない」とのべ、アメリカと肩を並べて「海外での戦争」に乗り出す意図を露わにした。

通常国会が始まって間もなく、２０１４年2月21日、北岡伸一安保法制懇座長代理は日本記者クラブで会見した。「『報告書』提出後のプロセスについて、政府が行使容認を閣議決定し、自衛隊の行動を定める自衛隊法や朝鮮半島有事などへの対応を定めた周辺事態法、国連平和維持活動協力法（ＰＫＯ法）の改正に着手するとした。集団的自衛権の行使を法的に担保するため自民党が選挙公約に掲げた国家安全保障基本法の制定については『二度手間になる』と述べ、個別法改正を急ぐべきだと訴え」、従来の解釈改憲の路線の変更を明言した。国家安全保障基本法の制定は、明文改憲でなくて解釈改憲で憲法第9条を破壊する解釈改憲路線であり、立憲主義に反するものであり、国会の多数派で「基本法」を制定し、それにもとづいて「憲法解釈の変更」をはかるという欺瞞的な「立法改憲」とでもいうべきものである。

しかし、この「国家安全保障基本法」の制定というプロセスすら無視したやり方には、第3次安倍政権の改造内閣で閣外にでた石破茂元防衛相らはいまなお批判的で、安倍首相に異を唱えている。

安倍首相は安保法制懇に対して従来から検討させてきた4類型、

（1）公海上で米軍艦船が攻撃された際に、自衛隊艦船が反撃

（2）米国を狙った弾道ミサイルを自衛隊のミサイル防衛システムで迎撃

（3）国連平和維持活動（PKO）参加中、攻撃を受けた他国軍隊を救援する武器使用

（4）戦闘地域における他国軍への後方支援、

だけでなく、新たに、米国を攻撃した国に武器を供給する船舶への強制調査（臨検）や、近隣有事での集団的自衛権行使や集団安全保障への参加など5事例を検討させた。

2月4日の安保法制懇では、具体的に、

（1）潜没航行する外国の「潜水艦」が日本の領海に侵入し、退去要求に応じないケース、

（２）日本の領海内の海上や離島で、武装集団が日本の船舶や民間人に対し「不法行為」に及び、海上保安庁では対応できないケース、が新たに検討されたという。いずれも、現行の政府解釈を前提とすれば、わが国の自衛権発動の3要件の一つである「急迫不正の侵害」（武力攻撃の発生）を充たさず、自衛隊の出動＝個別的自衛権を行使することはできないが、これの突破もはかろうとした。北岡氏は「集団的自衛権使の要件」として以下の5つを挙げた。

「密接な関係にある国が攻撃を受けた場合」

「放置すれば日本の安全に大きな影響が出る場合」

「当該国からの明示の要請」

「第三国が領域通過を許可」

「首相が総合的に判断し、国会が承認」である。

これについて、2月20日、安倍首相は通常国会の衆議院予算委員会で、集団的自衛権の行使容認を巡る憲法解釈の見直しについて、「政府の有識者懇談会の検討を受けて、与党とも協議しながら最終的には閣議決定する方向になる。実際に自衛隊が活動していくためには根拠法が必要だ。閣議決定して案が決まれば、国会でご議論をいただく」とした。

「東京新聞」5月16日朝刊は1面に「『戦地に国民』へ道」という大見出しを付け、安保法制懇の報告書提出と安倍首相の記者会見に抗議して首相官邸前に集まった2000人の市民の行動の大きな写真をトップに

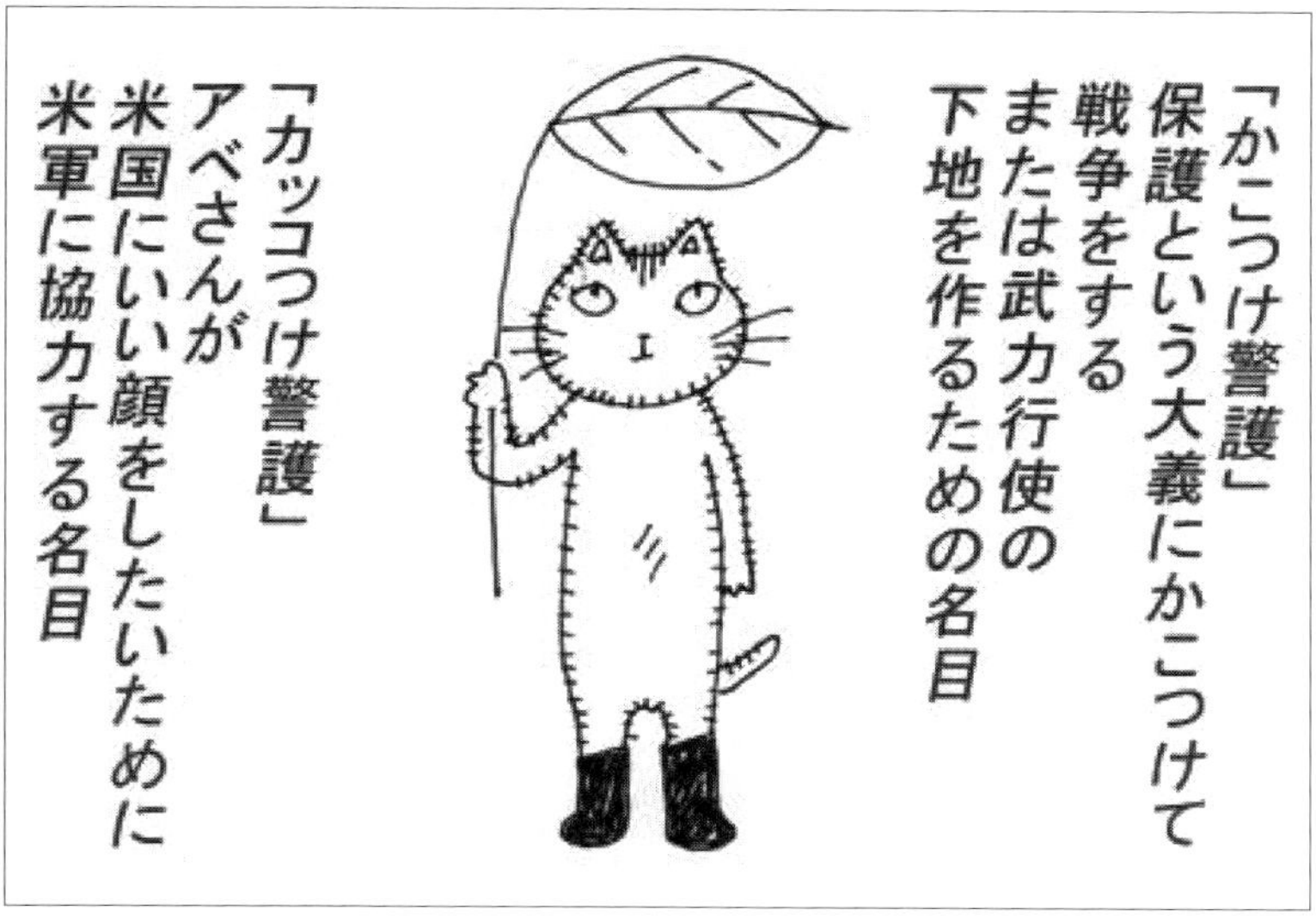
「かこつけ警護」
保護という大義にかこつけて
戦争をする
または武力行使の
下地を作るための名目
「カッコつけ警護」
アベさんが
米国にいい顔をしたいために
米軍に協力する名目

Facebook
「主張するネコたちのこと」より

掲げた。商業新聞が「戦地に国民」の危険に警鐘乱打した見出しを打ったことはことの重大さをしめしたものだ。15日の記者会見で、安倍首相が緊張した様子で説明した「政府方針」は、人々を南西諸島や朝鮮半島での戦争の危険におびえさせながら、集団的自衛権の行使の限定容認論と、集団的安全保障参加論、グレーゾーンにおける武力行使論を強行する意志表明だった。安倍首相の企てる方向で日本は、他国の行うケンカ（侵略戦争）を買ってでる国になる。憲法9条を持つ国として、殺し合いの仲裁に行くどころか、ほとんどの場合米国になる「わが国と密接な関係のある国」に加担して殺しに行くことになるものに他ならなかった。

安倍首相以前の歴代の日本政府見解は、集団的自衛権とは「自国と密接な関係のある外国に対する武力攻撃を、自国が攻撃されていないにもかかわらず、実力を持って阻止する権利」のことであり、「歴代政権は『日本が攻撃された時に自衛権は認められるが、攻撃されていないのに武力行使するのは必要最小限度を超える』との論理を積み重ねてきた」のであり、「必要最小限度の集団的自衛権は論理矛盾」（柳沢協二・元内閣官房副長官補）もはなはだしいものだ。

5月15日午後に首相が受け取った安保法制懇の報告書は安倍首相の意を呈して「憲法9条は集団的自衛権の行使や国連の集団的安全保障への参加を禁ずるものではない」などという、およそ理解不能な論理で構成されていた。

「解釈で憲法９条を壊すな」ののぼりを林立させて、銀座パレード（2014.10.8）

【２０１４年5月15日の安倍首相会見は支離滅裂】

安倍首相は２０１４年5月15日の記者会見で、「現実に起こりうる事態に対して、万全の備えがなければならない。国民の命と暮らしを守るための法整備が、これまでの憲法解釈のままで十分にできるのか、さらなる検討が必要である」と強迫したあと、「こうした検討については、『日本が、再び、戦争をする国になる』といった誤解がある。しかし、そのようなことは断じてありえない。日本国憲法が掲げる平和主義はこれからも守り抜いていく」などと述べた。そして衝突への備えこそが、抑止力であり、紛争の回避であり、戦争に巻き込まれないことだと言った。

この文脈は支離滅裂だ。戦争法の整備をして、戦争の準備をすることがなぜ憲法の平和主義を守ることになるのか、ここには首相による何らの説明もなかった。これは戦争の危険を煽り立て、際限のない軍事力増強に走る悪質な「抑止力論」の火遊びに他ならなかった。多くの場合、過去の戦争はこのような火遊びから勃発してきた歴史がある。

当時、安保法制懇の北岡伸一座長代理は新聞のインタビューで「憲法は最高法規ではなく、上に道徳律や自然法がある」と驚くべき憲法観を示した。このように北岡ら安倍首相のお友達ばかりの懇談会には、憲法やそれにもとづく立憲主義についてのまともな認識すらなかった。

政府は従来「私的諮問機関は出席者の意見の表明又は意見交換の場にすぎない」としてきた。だからそれが提出する「報告書」にも行政的な拘束力はまったくない。北岡伸一は19日、「安保法制懇に正統性がないと（新聞に）書かれるが、首相の私的懇談会だから、正統性なんてそもそもあるわけがない」と語った。語るに落ちるとはこのことだろう。そんな安保法制懇の報告書によって権威付けをして、集団的自衛権行使容認の政府方針を決める、ということの安倍首相の「茶番」と「異常さ」は度を超していた。

ついでにいうが、安倍政権による諮問機関政治ともいうべき手法、何の法的根拠も正当性もない首相の私的諮問機関に、お気に入りの学者・文化人を集め、その答申によって己の政策を権威づけ、マスメディアを使って権威づけるという手法は目に余る。国会での議論の著しい軽視である。最近では桜井よしこら右翼論客をずらりと並べた「私的諮問機関・天皇の公務の負担軽減等に関する有識者会議」の例がある。議会制民主主義の活性化のためには、安倍的な諮問機関政治の打破は不可欠である。

安保法制懇の報告書を受け取った安倍首相は、世論の反発を恐れ、記者会見で極めて欺瞞的な手口をつかった。安倍は「報告書」の二つの提言のうち、憲法では自衛のための武力の行使は禁じられておらず、国際上合法な活動にも制約がないという法制懇の提言を「これまでの政府の憲法解釈と整合性がないので、採用しない。武力行使を目的としてイラク戦争のような戦闘に参加することは決してない」と述べた。そしてもう一つの提言、わが国の安全に重大な影響を及ぼす時は集団的自衛権を行使することは許されるという論理を支持して、「限定的に必要最小限度の武力行使」は許容される、とした。これで従来の政府解釈と整合性があると偽装したのである。

この手口は安保法制懇の報告を最大限度、過激に出させたうえで、限定行使論、必要最小限度論で少し割り引き、穏健な判断であるかのように見せかけて世論操作を企てる極めて欺瞞的手法だ。「必要最小限度」といっても、どれだけの量なのかは限定されておらず際限がない。これは「小さく産んで、大きく育てる」企てか、9条の城門をかいくぐるトロイの木馬の手口にすぎない。

2016年秋の現在、PKO5原則による条件すら満たしていない自衛隊の南スーダン派兵によって、私たちはこの「戦後史的危機」に直面している。

【集団的自衛権行使の「限定容認論」は欺瞞だ】

世論対策や与党・公明党の懐柔策のために、高村自民党副総裁らは集団的自衛権行使の「限定容認論」を唱えてきた。しかしこれは「地球の裏側まで行って戦争することなどない」という「地理的限定論」を一貫

「九条の会」が初めて大規模なデモに決起（2014.11.24）

して否定してきた石破自民党幹事長が、テレビ討論で「国連の集団安全保障でやっていくとなったときに（参加は）未来永劫《えいごう》ないとは申しません。安倍政権としてそれはやらないが、（将来）絶対否定することを私は申し上げているのではない」と述べ、将来的な多国籍軍参加を否定せず、安倍首相の記者会見での弁明を否定したことに見られるように、ペテンなのである。北岡伸一もくりかえし「定義は時代によって変わる」と述べ、限定容認ではないと主張している。

安保法制懇の報告書は憲法第9条の否定そのものだ。

憲法第9条2項はこうである。「前項の目的を達するため、陸海空軍その他の戦力は、これを保持しない。国の交戦権は、これを認めない」。安保法制懇や安倍首相による「自衛のための必要最小限度の実力に集団的自衛権が含まれる」などという議論は、9条2項にたいする真っ向からの挑戦だ。9条2項をどう読んでも、これが集団的自衛権、海外で戦争をすることを認めているなどとは言えない。

さらに9条1項はこうである。「日本国民は、正義と秩序を基調とする国際平和を誠実に希求し、国権の発動たる戦争と、武力による威嚇又は武力の行使は、国際紛争を解決する手段としては、永久にこれを放棄する」。これを真摯に読めば、PKOなどの多国籍軍への参加など、集団的安全保障への参加は認められようがない。

さらに言えば、集団的自衛権の行使と区別して議論している「グレー

デモ準備中の「九条の会」
（2014.11.24）

ゾーン」事案での自衛隊の武力行使は、憲法の平和主義が要請している武力によらない問題の解決に反しており、軍事的緊張と衝突を招く論理に他ならない。

【改憲手続き法改定案の衆院通過】

こうして解釈改憲の策動を進めながらも、安倍晋三の「9条改憲」の野望は消えることがない。安倍政権はひきつづき明文改憲への布石を忘れずに進めている。

安倍首相の閣議決定にみられる解釈改憲が極めて無理なごり押しであることは、改憲派の中にも疑問と不安がある。なんとしても「集団的自衛権行使の限定容認」の「限定」のタガを外したいのである。安倍晋三ら改憲派は9条の明文改憲の準備をすることで、それを解決しようとしている。

2014年5月、7党（自民、民主、維新、公明、みんな、結い、生活）共同提案によって改憲手続き法の改定案は採決された。この改定案は、改憲手続き法が第1次安倍政権当時の強行採決によって制定されたが、重大な欠陥（国民投票権年齢と選挙権年齢の矛盾など）を含む法律だったために、機能不全に陥っていたものをごまかし、稼働可能なものにするためであった。

後述する機会があるので、詳細は譲るが、この改憲手続き法が本来

「九条の会」のデモ行進
(2014.11.24)

持っている矛盾、⑴改憲案に対する国民投票の成立要件として最低投票率の定めがないこと、⑵憲法問題では最も自由であるべき国民の意見表明（公務員など）と国民投票運動を不当に制限し、⑶改憲案の広報や広告を資金力のある改憲推進勢力に有利な仕組みにするなど、改憲派に有利な規定を持つという根本的な欠陥を、この改正案は解決していないにもかかわらず、ともかくもこの法律を動かせるものにしようと企て、7党共同提案で採択してしまったのである。

この改定「改憲手続き法」（国民投票法）も民意を正しく反映することができない重大な欠陥法である。

これに勢いを得た船田元・自民党憲法改正推進本部長（当時）は「環境権の創設や有事などの際に国民の権利を一部制限して総理大臣の権限を強める緊急事態条項などで、2年後の参院選までに改憲発議をしたい」などとあからさまに明文改憲への意欲を語った。

2章　2014年6月30日、官邸前に人びとは集まり始めた

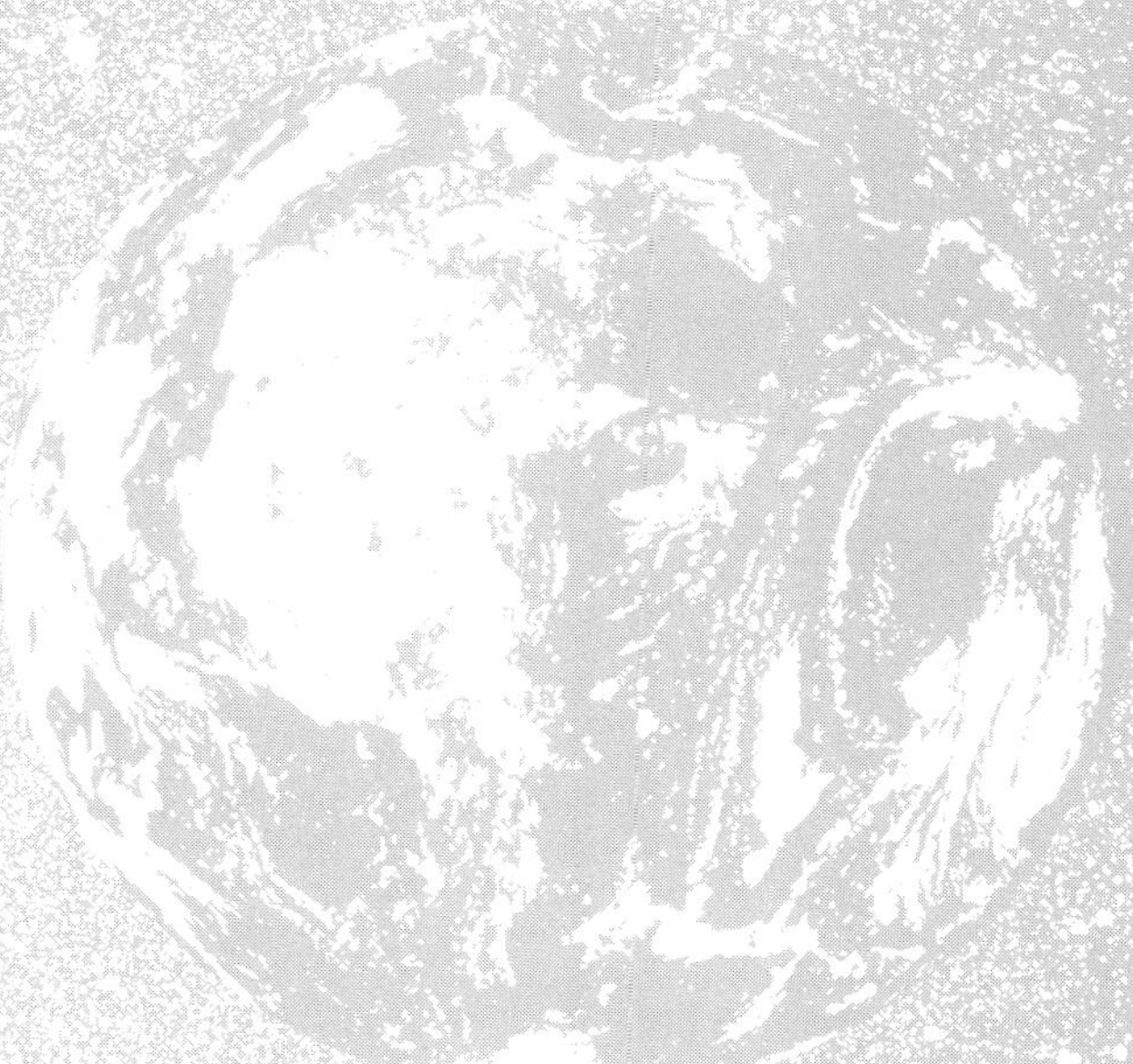

【閣議決定に抗議する官邸前の市民たち】

２０１４年7月1日、安倍内閣は集団的自衛権の行使容認を合憲解釈とする閣議決定を行った。前日、30日の夕刻から夜にかけて「解釈で憲法9条を壊すな！実行委員会」と「戦争させない！１０００人委員会」の呼びかけで首相官邸前には1万人余の市民が押しかけ、この日も朝から閣議決定反対の監視行動を始めた人びとは、午後5時過ぎには前日と同様に1万人を超えていた。「集団的自衛権反対」「閣議決定絶対反対」「戦争反対」「9条守れ」「安倍はやめろ」「いますぐやめろ」のコールがドラムの音と共に鳴り渡った。

この両日、首相官邸前には自らが戦場に派兵される世代になることに怒りを燃やした若者たちが、とりわけたくさん駆けつけた。それらは多くのメディアが証言するように、まさに「組織動員」ではなく、自立した個人としての参加であり、その叫びであった。官邸内の安倍晋三の耳には確実にこの声が届いたに違いない。警察の行動規制は6月30日の官邸前行動を「反省」してか、1日の機動隊の警備は歩道に新たな鉄柵を設けるなど異常なものだったが、人びとは毅然として抗議しながら、ジ

宗派の違いを超えて宗教者も共同して立ち上がった（2015.8.4）

リジリと規制線を押し返していった。

7月1日の朝日新聞社説「7・1官邸前―主権者が動き始める」はこう描写した。

「『戦争反対　生きたい』。黒いペンで手書きした段ボールを持った男子高校生。『憲法壊すな』。体をくの字に折って、おなかから声を出す女子中学生のグループ。プラカードを掲げる若い女性の爪は、ネオンピンクに白の水玉。赤い鉢巻き、組織旗を持った集団の脇で、父親に抱っこされた幼児はぐったりとして。年配の参加者は、もはや立錐《りっすい》の余地もない前方を避け、下流の壁沿いに静かに腰を下ろす。作業着、ネクタイ、金髪、白髪、リュックサック、高級ブランドバッグ。地下鉄の出入り口からどんどん人が吐き出されてくる。……若い世代が目立つ。「国民なめんな」「戦争させんな」を速いリズムにのせてコールし、年長者を引っ張っているのは大学生のグループ。デモに参加するのは初めて、ツイッターで知った、一人で来た、都外から来たという人も少なくない。主催者側によると「官邸前にはどうやって行けばいいのか」と多くの問い合わせがあったという。……「NO」といわなければ「YES」に加担したことになる。戦場に行かされるのがこわい。「頭数」になるぐらいしか、今できることはないから――。多様な思いを胸に集まった人たちが、官邸に向けて声をあげた。……2日

安保法制に反対する学者の会と学生
(2015.7.31)

間で最も多く叫ばれたコールのひとつは、「安倍は辞めろ」だ。官邸前で、これだけの規模で、公然と首相退陣を求める声があがるのは極めて異例のことだろう。なるほど。安倍首相はこの国の民主主義を踏みつけにした。しかし、踏まれたら痛いということを主権者は知った。足をどけろと声をあげ始めている」。

この社説は2013年末の秘密法反対闘争に登場したSASPULSと2015年夏に再生したSEALDsの間をつないだ新しい若者層が、1000人委員会や9条壊すな!実行委員会の官邸前提起に呼応して、再度、登場した場面の描写であり、生き生きとした運動史の断面の描写であった。

【5・3、横浜臨海公園に3万人】

これ以降も戦争法に反対する運動は、国会前などをはじめ全国各地でねばり強く続いた。(巻末の日程一覧参照)

2015年1月17日に行われた「女の平和」ヒューマンチェーンの運動は、赤色を身につけて集まった7000人の女たちが、2kmにわたって国会を包囲し、安倍政権にレッドカードをつきつけた。

このユニークな運動は、1970年、アイスランドで始まった古い因習を打ち破る運動がレッドストッキングを身に着け、行動したことにヒ

「女の平和」レッドアクション（2015.5.13）

ントを得て提唱された運動であった。

このレッドアクションはその後、6月20日（土）に第2回目、2016年6月4日（土）に第3回目がおこなわれた。この行動は沖縄・辺野古の基地建設反対の国会包囲運動の参加者が青色を身につけて行動したブルーアクションとならんで、多様多彩な市民運動を生み出したきっかけになった。

安倍内閣の戦争法強行の動きに危機感を強めた総がかり行動実行委員会は、従来から、市民グループや社民党・共産党系運動が共同しておこなってきた5・3憲法集会と、平和フォーラムが中心になって実行してきた5・3憲法集会の二つが開催されてきた憲法記念日の集会を統一して、総がかり行動実行委員会が軸になって新たな憲法集会実行委員会を立ち上げ、横浜の臨海公園に3万人以上の人びとを結集する「5・3憲法集会」を開催した。この集会には民主党、共産党、社民党、生活の党もそれぞれ党首クラスを挨拶に派遣するなど、共同の雰囲気が盛り上がった。

ここでは後々に笑い話的に語りぐさになったパフォーマンスの「失敗」談がある。政党挨拶の後、司会が各党の登壇者に手をつないで上に上げるパフォーマンスを促した際に、共産党の志位委員長の隣にいた長妻民主党代表代行が手をつなぐのを拒否したのである。会場はざわめいた。長妻氏にしてみれば「あらかじめ聞いていていなかった」ことであり、

サイクリストも官邸前に集結

志位氏と手をつないだら、党に戻って何を言われるかわからないという躊躇であったに違いない。その後、しばらくして、夏になってくると、各政党の代表が市民集会の場でしっかりと手をつなぐというのは恒例の行事になったのである。

【2015・5・14、戦争法案閣議決定】

5月14日、安倍政権は新法の恒久法「国際平和協力法案」と、自衛隊法改悪など10本の戦争関連法制を一括した「平和安全法制整備法案」という戦争法案を閣議決定し、翌日、国会に上程した。そして5月19日、衆議院本会議は、民主、維新、共産、社民、生活の各党が反対するなか、与党と次世代の党の賛成だけで、戦争法案を審議するための特別委員会（「平和安全法制」特別委員会）の設置を議決した。

すでに安倍晋三首相は4月29日の米連邦議会上下両院合同会議で、国会に法案も出ていないうちから、この戦争法案を「夏までに成立させる」と言明していた。この「対米公約」を果たそうとして安倍政権は6月24日までの第189通常国会の会期を9月まで異例の大幅延長を強行して、法案の採決を狙った。

安倍政権のこの動きに危機感を感じた総がかり行動実行委員会は5月14日早朝の「戦争法制閣議決定・国会提出抗議5・14首相官邸前集会」を契機に、毎週木曜日の国会行動を提起した。これは毎週金曜日に「首

官邸前の市民の「怒」
(2014.6.30)

都圏反原発連合」が官邸前行動をおこなっており、行動がバッティングするのを避けて、木曜行動として呼びかけられた。第1回は5月21日（木）に国会議員会館前に約５００人の市民が参加して開催された。以降、この木曜行動は戦争法反対行動の軸となり、日を追って、参加者を増やしていった。そして、この木曜行動には全国各地の市民運動が同時行動として連帯し、全国化したのである。

【２０１５・６・４、憲法学者３人が「憲法違反」と述べる】

この過程で、６月４日、衆院憲法審査会で参考人として招かれた３人の憲法学者（自民党、公明党、次世代の党が推薦した早稲田大学法学学術院教授の長谷部恭男、慶応大学名誉教授で弁護士の小林節、さらに、早稲田大学政治経済学術院教授の笹田栄司）が、いずれも「安保法制は憲法違反」と述べる事件が起きるなど、運動は勢いづいていった。

ＳＥＡＬＤsは６月５日（金）から金曜日の国会正門前での行動を提起し、６月５日には立憲デモクラシーの会が初めて安保法制に反対するシンポジウムを開催し、６月15日には「安保法案に反対する学者の会」が結成され、７月にはいると、「安保法制に反対するママの会」が運動を始めた。春以来繰り広げられた戦争法廃案の運動に、新しい力強い市民の運動が加わって、巨大な波が巻き起こってきたのである。また日本弁護士連合会も日比谷野外音楽堂での集会と銀座デモなどを企画し、総が

第一八九回国会衆議院

憲法審査会議録（抜粋）

平成27（2015）年6月4日（木曜日）午前9時開議

参考人　早稲田大学教授　長谷部恭男
　　　　慶応義塾大学名誉教授　小林　節
　　　　早稲田大学教授　笹田　栄司

（前略）

○中川（正）委員　率直にここでお話を聞きたいんですけれども、先生方は、今の安保法制、憲法違反だと思われますか。

○長谷部参考人　安保法制というのは多岐にわたっておりますので、その全てという話にはなかなかならないんですが、まずは、集団的自衛権の行使が許されるというその点について、私は憲法違反であるというふうに考えております。従来の政府見解の基本的な論理の枠内では説明がつきませんし、法的な安定性を大きくゆるがすものであるというふうに考えております。

それからもう一つ、外国の軍隊の武力行使との一体化に自衛隊の活動がなるのではないか、私は、その点については、一体化するおそれが極めて強いというふうに考えております。

従前の戦闘地域、非戦闘地域の枠組みを用いた、いわばバッファーを置いた、余裕を持ったところで明確な線を引く、その範囲内での自衛隊の活動にとどめておくべきものであるというふうに考えております。

○小林参考人　私も違憲と考えます。憲法九条に違反します。

九条の一項は国際紛争を解決する手段としての戦争、これはパリ不戦条約以来の国際法の読み方としては侵略戦争の放棄。ですから、我々は自衛のための何らかの武力行使ができると、ここに留保されています。

ただし、二項で、軍隊と交戦権が与えられておりませんから、海の外で軍事活動する道具と法的資格が与えられておりません。ですから、自民党政府のもとで一貫して、警察予備隊という第二警察としての自衛隊をつくって、だからこそ、軍隊と違って、腕力について比例原則、軍隊に比例原則なんかありません、軍隊は勝つために何をやってもいいんですから、本来。世界の常識。だから、比例原則で縛られて、警察のごとき振る舞い。攻めてこられたら、我が国のテリトリーと周辺の公海と公空を使って反撃することが許される。例外的に、もとから断たなきゃいけない場合は、理論上、敵基地まで行けるというこの枠組みは、ずっと自民党がつくって守ってきたもので、私はこれは正しいと思っています。

この九条をそのままにして、海外派兵。集団的自衛権というのは、いろいろな定義がありますが、国際法というのは、まだ法自体が戦国乱世の状態で中心的有権機関なんかないわけですから、世界政府がないわけですから。ですから、それぞれがいろいろ言っているおおよそのところからいけば、少なくとも、仲間の国を助けるために海外に戦争に行く、これが集団的自衛権でないと言う人はいないはずです。これをやろうということですから、これは憲法九条、とりわけ二項違反。

それから、先ほど長谷部先生がおっしゃった、後方支援という日本の特殊概念で、要するに、戦場に後ろから参戦するだけの話でありまして、前から参戦しないよというだけの話でありまして、そんなふざけたことで言葉の遊びをやらないでほしいと本当に思います。これも恥ずかしいところです。

○笹田参考人　ちょっと違った角度から申し上げますと、例えば日本の内閣法制局は、自民党政権とともに安保法制をずっとつくってきていたわけです。そして、そのやり方は、非常にガラス細工と言えなくもないですけれども、本当にぎりぎりのところで保ってきているんだなということを考えておりました。

一方、例えばヨーロッパのコンセイユ・デタのような、日本の法制局の原型となりますが、あそこは、憲法違反だと言っても、時の大統領府なんかが押し切って、ではやるんだということで、極めてクールな対応をとってきて、そこが大きなちがいだったと思うんですね。

ところが、今回、私なんかは、従来の法制局と自民党政権のつくったものがここまでだよなと本当に強く思っておりましたので、お二方の先生がおっしゃいましたように、今の言葉では、定義では踏み越えてしまったということで、やはり違憲の考え方に立っているところでございます。

（後略）（太字は編集部）

集会に駆けつけた民主党国会議員団（2015.5.28）

かり行動実行委員会は「協力」という形で、共同した。

総がかり行動実行委員会は6月14日に「とめよう！戦争法案　集まろう！国会へ6・14国会包囲行動」を実行し、2万5000人の市民を結集すると、翌日から約2週間の連続国会前座り込み行動を配置し、24日には「とめよう！戦争法案　集まろう！国会へ6・24国会包囲行動」を30000人規模で開催した。総がかり行動実行委員会はその後も、木曜行動を中心に国会行動を展開し、衆議院での強行採決が迫った7月14日からは、2万人、3万人規模の大行動を挟みながら、連日数千人規模の国会行動を展開した。7月26日には25000人の「とめよう！戦争法案　集まろう！国会へ7・26国会包囲行動」をおこなった。これらの行動の日は雨天のことも少なくなく、参加者はずぶぬれになりながら、怒りの声をあげつづけた。「総がかりは雨が降る」という伝説すら生まれるほどだった。

【新しい市民運動の登場――女の平和、SEALDs、学者の会、ママの会】

「2015年安保」闘争の際だった特徴の一つは、ここまで繰り返し触れてきたように前述した「女の平和」も含め、SEALDs、学者の会、ママの会、立憲デモクラシーの会など、新しい運動体が、総がかり行動実行委員会などの運動に呼応する形で、それぞれ独自に、創造的な運動を展開して、運動のはばを大きく広げたことである。これらに類似した

2章　2014年6月30日、官邸前に人びとは集まり始めた

イラク戦争反対のW.P.Nのロゴマーク（2003年）

形態の運動は、従来の反戦平和の民衆運動では、イラク反戦闘争時のWORLD PEACE NOW（WPN）などがあったが、今回の運動は、それらを遥かに大きく超えた広がりをもった。

運動圏では久しく登場しなかった学生たちが、従来の学生自治会や大学別の運動体の結集ではなく、個々の学生を結集したSEALDsという形で登場したことは、各方面から大きな注目を集めた。そしてこの登場は新しい若者たちの運動の登場を熱望していた年配の市民たちの希望となった。SEALDsの諸行動には大量の「大人」たちが参加し、一緒に行動した。その意味で、SEALDsは学生の提唱による運動であったが、そのたたかいは学生運動ではなかった。

SEALDsの運動は行動形態やアピールなどで、従来の反戦平和運動とは異なる際だった特徴があった。多くの人びとの関心と共感を呼ぶようにカラフルなプラカードや、リズミカルなコールなどには細心の注意が払われており、集会のスピーチもあらかじめ用意し、スマホに記録されたものを読み上げるなど、周到な準備がされていた。

SEALDsは明確な主張を持っていた。立憲主義の主張を柱に据えた「私たちは、自由と民主主義に基づく政治を求めます」と題するアピールがサイトには掲載されており、「オピニオン」という5項目ほどの、いわば「行動綱領」的な政治主張を掲げている。政党やそれに指導されたさまざまな政治団体ではなく、行動の中で育った若者の市民運動

官邸前（2014.6.30）

がこうした明確な行動綱領を掲げた点は、あまり類例がないのではないだろうか。

以下、アピールの部分を全文、行動綱領的部分を項目のみ紹介する。

◇SEALDs（シールズ：Students Emergency Action for Liberal Democracy's）は、自由で民主的な日本を守るための、学生による緊急アクションです。担い手は10代から20代前半の若い世代です。私たちは思考し、そして行動します。

私たちは、戦後70年でつくりあげられてきた、この国の自由と民主主義の伝統を尊重します。そして、その基盤である日本国憲法のもつ価値を守りたいと考えています。この国の平和憲法の理念は、いまだ達成されていない未完のプロジェクトです。現在、危機に瀕している日本国憲法を守るために、私たちは立憲主義・生活保障・安全保障の3分野で、明確なヴィジョンを表明します。

日本の政治状況は悪化し続けています。２０１４年には特定秘密保護法や集団的自衛権の行使容認などが強行され、憲法の理念が空洞化しつつあります。貧困や少子高齢化の問題も深刻で、新たな生活保障の枠組みが求められています。緊張を強める東アジアの安定化も大きな課題です。今年7月には集団的自衛権等の安保法整備がされ、来年の参議院選挙以降自民党は改憲を現実のものとしようとしています。

官邸前（同右）

私たちは、この1年がこの国の行方を左右する非常に重要な期間であると認識しています。

いまこそ、若い世代こそが政治の問題を真剣に考え、現実的なヴィジョンを打ち出さなければなりません。私たちは、日本の自由民主主義の伝統を守るために、従来の政治的枠組みを越えたリベラル勢力の結集を求めます。そして何より、この社会に生きるすべての人が、この問題提起を真剣に受け止め、思考し、行動することを願います。私たち一人ひとりの行動こそが、日本の自由と民主主義を守る盾となるはずです。

THIS IS WHAT DEMOCRACY LOOKS LIKE.　WE ARE SEALDs.

◇OPINION

私たちは、立憲主義を尊重する政治を求めます。（略）

私たちは、持続可能で健全な成長と公正な分配によって、人々の生活の保障を実現する政治を求めます。（略）

私たちは、対話と協調に基づく平和的な外交・安全保障政策を求めます。（略）

リベラル勢力の結集にむけて（略）

これらの主張と立場は大筋、賛同できるものである。筆者は１９８０年代頃から日本国憲法の擁護と、その改悪に反対する市民運動に取り組んできた。当時は市民運動の中では、憲法問題はあまり見向きもされなかった。イラク反戦運動が高揚したＷＯＲＬＤ　ＰＥＡＣＥ　ＮＯＷのなかですら、「許すな！憲法改悪・市民連絡会」の幟旗を見た若者から、「へえ、憲法問題をやっているんですか」と珍しそうに言われるほどであった。

それから20年あまり、改憲反対の運動に懸命に取り組んできたが、なんとなく憲法課題はシングルイシュー的な、あまり一般的ではない運動の位置に甘んじてきた。しかし２０１４年6月30日の官邸前行動に集まった人びとのコールは「戦争反対」「憲法壊すな」だった。参加者と一緒に叫んでいながら、落涙する思いだった。このＳＥＡＬＤｓのアピールもそうだが、若者らのコールには立憲主義擁護、憲法破壊に反対の明確な主張が込められている。

こうして颯爽と運動の先頭に登場した観のあるＳＥＡＬＤｓの諸行動に対して運動圏の一部から批判も出た。例えばコールの「国民なめんな！」も批判された。在日など、「国民」でない人びとについての問題意識がないことの指摘である。この点は筆者もそう考える。しかし、これをもってＳＥＡＬＤｓを断罪するような批判には同調できない。運動圏ではこうした問題は広く存在し、この克服は共に闘う中で解決していくべき問題だからである。

さらに「一部の人びとを排除している」とか、「警察となれ合ってい

2015. 8・30の切り絵で行動に連帯する市民も

る」などという批判もあった。３・11を契機に官邸前の抗議行動などのなかで役割を果たしてきた首都圏反原発連合（反原連）にも同様な批判が浴びせられた。これにはイラク反戦のＷＰＮ当時、同じような非難が浴びせられたという既視感がある。一つには内ゲバとそれを容認する人びとへの態度の問題である。これらの人びとはいまでこそ、内ゲバ（意見の違いを暴力で解決しようとする運動）をやるようなことはなくなったようであるが（内ゲバへの否定的な総括は目にしたことがない）、行動の主催者に極めて非協力的であるし、ことあるごとに集会の主催者にたいし「おまえら、公安の手先か」などという罵倒をしたりする。警察との緊張感を持った対応の必要性の問題も、その未熟さをもって断罪するようなことではない。実際の行動のなかで経験を積み、学んでいくことである。それを片言隻句のみとらえて、ＳＥＡＬＤｓの本質的な欠陥であるかのように非難するのは正当性に欠ける。これは旧来の左派の運動論の限界と言うべきではないか。

いずれにしても、運動の内部ではさまざまな意見や判断の相違が生じる事がある。唯我独尊的な狭いセクト的な運動ではなく、共同した運動全体の利益を優先させて、内在的に解決する以外にないのである。２０００年以来、憲法集会を開いてきた「５・３憲法集会実行委員会」はこの問題の解決を、「この集会は非暴力で、参加団体・個人を誹謗しないことを確認しあって開かれます」ということを原則にして、対処し

官邸前（2014.7.1）

てきた。

もう一つ、賛同人1万数千といわれる学者の会は各大学別に組織が立ち上げられた。各大学の幟がかかげられた。諸行動では、〇〇大学と大書した幟旗が、誇らしげに林立した。「70年安保では敵対した教師と学生が、２０１５年安保では緊密に共闘している」といわれた。立憲デモクラシーに結集した知識人たちは、それぞれの立場でこうした学生の運動をイデオロギー的に支える役割を果たした。これらの運動が全国各地の市民運動の発展に貢献した意義は大きい。

ママの会は「誰の子どももころさせない」という際だって優れたスローガンを掲げ、メディアや国会議員にたいする働きかけなどで特徴ある運動を広げ、注目された。

これらの運動は各メディアの注目などと相まって、運動の幅を大きく拡げることに貢献し、後の「市民連合」の土台を築き、参院選を積極的に闘うことにつながっていった。

【２０１５・８・30、国会10万人、全国１００万人行動の呼びかけ】

戦争法案の強行採決の動きを前にして、総がかり行動実行委員会が呼びかけたこの「戦争法案廃案！安倍政権退陣！８・30国会10万人・全国１００万人大行動」は２０１５年安保闘争のピークとなった。

８月30日、国会正門前を中心に国会を取り囲む周辺と、永田町から日

国会前、
（2015.8.30）

比谷公園までの一帯は、時折、雨が降る悪天候にもかかわらず、戦争法案に反対する12万人の人びとで埋まった。ステージは国会正門前、日比谷公園霞門、霞ヶ関など数カ所に設けられ、それぞれのステージを中心に各界の人びとのリレートークやコールがおこなわれた。全国では大阪での数万人の集会をはじめ約１３００カ所、約１００万人の市民の行動が展開された。集会は午後2時の開会が予定されたが、正午を過ぎると九州や北海道などを含め全国各地から市民が集まりはじめ、機動隊によって鉄柵が二重三重に張り巡らされた正門前は、思い思いのプラカードや幟などを持った市民でギュウギュウ詰めにふくれあがり、集会開会前の午後1時半過ぎには参加者が鉄柵を越えて車道にあふれ出した。機動隊の阻止線が決壊した。国会正門前の10車線の車道は市民によって完全に占拠され、市民の広場になった。同時刻ころ、国会南庭前、首相官邸前、国会図書館前の各所でも、鉄柵による規制線は決壊した。封鎖に使われた警察車両も動揺し、後退せざるを得なくなった。警察機動隊は阻止線を後退させ、見守ることしかできなかった。同様の車道開放は国会周辺の行動では9月18日にも起こった。

30日のセンターマイクからは、毎回の総がかり行動では有名になった菱山南帆子がリードする「戦争反対」「9条守れ」「廃案・廃案」「退陣・退陣」の烈迫のコールがつづいた。人びとの波は、文字通り、国会周辺から日比谷公園までを埋め尽くす様相となり、実に１９６０年の安保闘

12 万人の国会行動ステージでのスピーチ（2015.8.30）

争以来初めての巨大な歴史的な国会行動となった。

　正門前で始まった集会では、民主党の岡田克也代表、共産党の志位和夫委員長、社民党の吉田忠智党首、生活の党の小沢一郎代表が次々に挨拶し、戦争法廃案をめざして共に闘う決意を表明して、高く掲げた手を結んだ。山口二郎法政大学教授、ルポライターの鎌田慧、講談師の神田香織、宇宙物理学者の池内了、音楽家の坂本龍一、作家の森村誠一、浦田一郎明治大学教授など、各界の人びとと共に、総がかり行動からも福山真劫（１０００人委員会）、高田健（９条壊すな！実）、小田川義和（共同センター）らが次々に登壇した。

【警察の不当な弾圧とのたたかい、民医連、見回り弁護団、国会議員監視団】

　国会周辺の道路は１９６０年安保闘争以来、東京都公安条例で「請願デモ」以外は認められないことになっている。イラク反戦の時も、反原発の行動でもそうであるが、戦争法に反対する市民の行動は、国会周辺では歩道の上で、デモ行進としてではなく、集合して「抗議行動」をする以外にない。実は、この「抗議行動」スタイルも、イラク反戦時のＷＯＲＬＤ　ＰＥＡＣＥ　ＮＯＷや、３・11以降の反原連によって行使され、事実上の既得権として警察当局も黙認せざるをえなくなったものである。これ以外に市民が集会やデモに使える会場は、国会の近くには、

4野党党首がしっかり手をつないだ（2015.8.30）

わずか３０００人しか収容できない日比谷野外音楽堂があるだけである。これも音楽イベントなどの業者が押さえていることが多く、極めて使い勝手がわるい。民主主義を標榜する社会で、国会の周辺に、このような言論・表現の場が保障されないなどということは不当極まりない。

総がかり行動実行委員会は、この８・30行動に際して、民主主義における表現の自由と、行動参加者の安全のために警視庁に対する2度にわたる文書での要請を含め、幾度も国会正門前並木通りの車道開放を要求した。しかし、警視庁はこの正当な要求を拒否し、車道に護送車の車両による阻止線と鉄パイプによる2重、3重の柵を敷設するという危険な対応をしてきた。８０００人と言われた機動隊と警察官を配置し、参加者を歩道にギュウギュウに押しとどめ、アイドリングによって警察車両の排気ガスを参加者に浴びせかけ、居並ぶ警察官のメガホンの音声で集会を妨害した。

実行委員会側は不慮の事故や病気に備えて、民医連（全日本民主医療機関連合会）を中心に50人以上の現役の医師などによる医療チームも編成し、幟旗をたてて現場を巡回した。

不当な弾圧の可能性に対抗して、弁護士の有志が「見回り弁護団」を組織し、民主党など立憲フォーラムの国会議員団を中心に国会議員による「不当弾圧国会議員監視団」等が組織された。

参加者はこの警備体制に怒り、鉄柵をめぐって機動隊と押し合いに

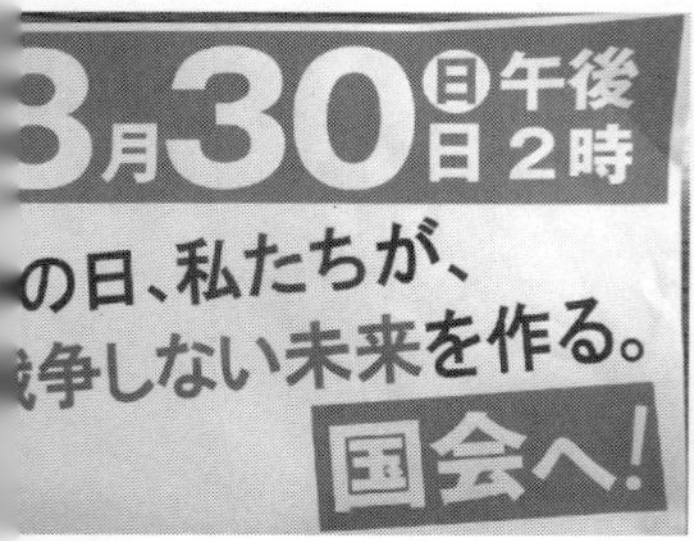

警察がつくったバリケードが決壊した（2015.8.30）

なった。行動の現場では不当な規制に怒る参加者による警官との小競り合いが無数に発生した。前述のように鉄柵は幾度も排除されたのであるが、その過程で少なからぬ逮捕者が発生した。事件の原因を作ったのは警備体制であり、これらは不当なことであった。参加者は「戦争法案絶対反対」のコールとあわせ、「弾圧反対、仲間を帰せ」のコールで応えた。警官による暴行と参加者の負傷は発生したが、しかし、重大なけが人がでなかったことは、参加者の非暴力での抵抗闘争を貫くという意識の高さによるものである。

首相は、9月19日、新聞のインタビューに答え、（祖父の岸信介元首相が日米安保条約を改定したときの反対デモと今回を比べ）「あのときは『総理大臣の身辺の安全を完全に守ることは難しい』とまで（岸元首相）本人は言われていた。今回そういうような状況にはまったくなっていないから、私は平常心で成立を待っていた」などと語った。当時、岸首相は赤城防衛相に自衛隊の出動まで検討させ、拒否されたというエピソードが残っている。安倍首相のこの発言は行動に参加した市民に対する無責任な挑発的言辞であり、絶対に許されない。

【警視庁への申し入れ文書】

この間の国会前などにおける戦争法案反対の市民の行動は憲法が定める民主主義と基本的人権の尊重の立場からみて、当然の権利行使であった。にもかかわらず、警視庁や公安当局はこれをいたずらに制限し、不当に弾圧をおこなってきた。前述したように総がかり行動実行委員会は警備当局に対してくり返し、文書をもって抗議し、改善を要求してきた。とりわけ8月30日に予定していた国会周辺での行動に際しては、実行委員会の代表が警視庁におもむき、国会正門前の車道（並木通り）の全面開放を要求したが、警視庁警備当局は受け入れず、再三の抗議に対して、「後は現場での判断で」というあいまいな結論で交渉は打ち切りになった。

実行委員会側は、参加者が10万人を超える規模の膨大なものになり、鉄柵による歩道への押し込め規制は生命の危険すら招きかねないこと、市民の政治的表現の自由を保障するのは国家の責任であること、日曜の国会正門前の並木通りを交通止めにしても交通に何らの影響を与えないこと、都内の通行止め一般は「お祭り」などの際にもおこなわれており、不可能ではないこと、など道理を尽くして要請したが、ほとんど前向きな対話にはならなかった。

後日、実行委員会はさらに以下のような文書での警視庁への申し入れも幾度かおこなった。

◇この間の警察当局による国会周辺での行動に対する過剰警備に関する申し入れ◇

警察の一方的規制について麹町署長に抗議（2015.7.16）

警視庁麹町警察署長様

戦争法案に反対する抗議行動の高まりのなかで、警視庁の警備警察官の対応について、容認しがたい事例があるので、文書をもって、改善方申し入れる。

全体として、この間の国会周辺で行われている抗議行動の参加者に対する警察の対応における過剰警備と横暴は目に余るものがある。とりわけ、「安全」を名目に実行される国会議事堂周辺の地下鉄の駅の出入り口などの規制と、一方通行や大幅迂回などの歩道の通行規制は、年配者や障碍をもったひとへの配慮に欠け、また高圧的かつ不必要なもので、人権上容認しがたいもの、なかには生命の危険にまで及びかねない事例がみられる。

以下、例をあげて事態の改善を要求する。

7月16日、正午過ぎ、抗議の人びとが集まる国会正門前北庭側角の歩道上に、警察は鉄柵を配置した。狭い歩道上に設置された鉄柵は参加者および歩行者にとってたいへん危険なものであり、通行を確保するなら通例のようにコーンで十分だと抗議した。のちほど、鉄柵は撤去されたが、その後、通行になんらの支障は見られなかった。

7月16日、総がかり行動実行委員会は正門前での午後の座り込み行動を終え、一旦、散会した。その際、正門前交差点を警官隊が鉄柵で一方的に閉鎖し、平穏に帰路につこうとした参加者の交通を妨害した。

何重もの警備で威圧する警官隊（2015.9.17）

実行委員会は、麹町署の警備課長らにこの封鎖は不必要で、いたずらに混乱を引き起こすだけであることを申し入れ、封鎖は解除された。

参加者は交差点を渡り始めたが、そのなかの年配の女性が体調を崩し、道路に倒れ込んだ。すると警察官がその女性を無理やり引きずり回したので、実行委員会は「病人を動かすな」と抗議した。間もなく医療関係者が駆けつけてきたが、その間中も、警察が女性を手荒に動かそうとするので、参加者は女性を囲み警察官ともみ合いになった。警視庁の腕章を着けた私服警官が、女性をまもろうとした実行委員の腕をねじり上げて、女性から引きはがそうとした。抗議のなかで、女性は医療関係者にまもられ、実行委員会の救護車に運ばれて休息した後、付き添いの人と共に帰宅した。結果として、危険な事態にならずに済んだ。麹町署の警備課長は実行委員会の責任者に対応の間違いを謝罪した。実行委員会は課長だけでなく、この警視庁の刑事に、役職と名前を名乗ること、警察が病人を勝手に動かそうとする危険、救助しようとした実行委員に暴力的に対応したこと、などについて抗議し謝罪を要求したが、この刑事は最後まで無言を通した。

7月26日の国会包囲行動では、正門前の横断歩道は常時通行可能とされ、また南庭角の歩道を鉄柵で遮断することはなかったが、現場は何らの混乱も見られなかった。

26日午後の抗議行動の際、内閣府の脇道（迂回路）の日陰で直射日

警官隊による阻止線と対峙する市民（2015.9.18）

光を避けて休んでいた年配の参加者を、第八機動隊の米山警部補指揮のもと、日向《ひなた》に排除したので、実行委員会の整理・誘導担当者らが抗議した。米山警部補は「日向で人が倒れたとしても、こんな時間にやる主催者が悪い」と暴言を吐いたため、これも抗議した。実行委員会は麹町署の責任者にも抗議し、通路を確保すれば、脇道に人がいても（当然のことながら）問題ないことを確認した。

これらの事例に見られるように、この間の警備警察の対応が、憲法21条などに保障された言論表現の自由など、市民の基本的人権の保障に責任をおう立場からではなく、高圧的で、ただ単に上から管理することのみに集中している。これは極めて異常であり、遺憾なことだ。主催者は、戦争法案に反対する一連の行動を参加者に重大な事故がなく、無事、遂行されることを願って責任をもって、心を砕いているのであり、今回のような警察の対応によって、もしも人命に関わるような事態が引き起こされるなら、警備警察の責任は重大である。

実行委員会は今後、こうしたことがふたたびくり返されないことを強く要請する。

２０１５年８月10日

戦争させない・９条壊すな！総がかり行動実行委員会

【再度の要請】

日比谷野音の集会で戦争反対のスピーチをする俳優の石田純一さん（2015.12.6）

そして、8月30日の大規模な行動の後、総がかり行動実行委員会は、警察の弾圧に抗議し、再度の要請を文書で提出した。

◇8月30日の警備について、および今後の国会周辺での抗議行動についての申し入れ◇

警視庁警備課様

警視庁麹町警察署長様

私たち「戦争させない・9条壊すな！総がかり行動実行委員会」は8月10日に国会周辺での市民の行動に関する警察官の警備のあり方について、文書で改善方、申し入れたところである。しかしながら、8月30日に私どもが実施した「戦争法案廃案！安倍内閣退陣！8・30国会包囲行動」における警視庁・麹町警察署の警備警察官の対応について、参加者の安全確保と憲法21条などに保障された言論表現の自由など、市民の基本的人権の保障に関して、ひきつづき容認しがたい事例が多々生じている。これは極めて残念なことであり、ふたたび文書をもって、改善方申し入れる。

（1）私たちは当日の10万人の結集という予測を考慮に入れ、あらかじめ正門前道路＝並木通りの一時開放と鉄柵による仕切りの中止を要請していたが、警視庁はこれを拒否した。しかし、事態は予想された以上に深刻で、行動の開会時刻以前にぎゅうぎゅう詰めになった参

警官隊の不当な規制で倒れた女性を引きずった私服刑事に抗議（2015.7.17）

加者が危険な鉄柵を越えて、車道に多数の市民があふれる状態になった。この際、群衆の中に危険な鉄柵が放置された状態は危険極まりなかった。主催者は安全確保のため、スタッフを現場に急行させ、アナウンスで制御するなど最大限の努力をした。もしも、あらかじめ車道が開放されていれば混乱は防げたのであり、警備当局の判断は決定的な誤りであった。

（2）にもかかわらず、麹町警察警備課長は現場の混乱を理由にして、威圧的に主催者に「行動の中止」勧告をするなど、言語道断の行動にでた。憲法の精神に照らしても警察官の法を超えた暴挙に他ならない。これはあらかじめ車道を開放する措置をとらなかった警備当局の判断の誤りの責任を主催者に転嫁し、あまつさえ主権者の言論表現の自由の抑圧にでたことであり、断じて許されない。

（3）また、地下鉄のいくつかの出口の規制は硬直した不当な規制が行われ、人命軽視ともいうべき極めて危険な状況がつくり出された。国会議事堂前駅のA1出口にはエスカレーターがあるが、地上出口が警官によって封鎖されたため、参加者は上ることも下ることもできず、人が後ろから詰めかけて将棋倒しになる寸前だった。「通せ！」など構内には怒号が飛び交う状況となった。参加者は駅ホームまで一杯となり、列車が到着してドアが開いてもホームが満杯で降りることも難しいような状況になった。この事態の最中でも地上は通行にゆとりが

都内各地でも行動が広がった。制服向上委員会（2015.7.19）

あったのであり、強引に地上出口への通行を阻止した警察官の警備は異常きわまると言わねばならない。あらかじめ警備が考えた机上のプランを、現場に合わせて人命優先で判断することのできない硬直した警備体制は危険で有害である。警備当局の猛省を促したい。

（４）一連の行動の中で、当局による参加者２名の逮捕が出たことは、そのご釈放された経過をみても、不当逮捕であることは明らかであり、容認できない。にもかかわらず、全体として参加者は良識をもって整然と行動し、行動は基本的には無事終了することができた。

（５）この日の行動は12万人の参加者であった。終了後、警察当局は報道の取材に対して、参加者数を３万３千人とリークし、一部報道はそれを「警察発表」として伝えた。この間、この種の諸行動に対して、こうした「警察発表」が行われることはほとんどなくなっていたにもかかわらず、今回に限ってこうしたリークを行った理由は何か、厳重に問いただしたい。そして、３万３千人とはどのような根拠をもって計算したのか、明らかにすべきである。私たちは主催者としての責任をもって、全体の参加者数を掌握し、この数字を発表したのであり、それは後の空撮映像をはじめとする諸映像や、地下鉄の乗降者数の点検・統計などによっても裏付けられている。警察当局が現政権の意志を忖度して、このような作為ある虚偽の発表を行ったとすれば、容認しがたいことである。

行動は日比谷公園までも広がる（2015.8.30）

（6）今後、通常国会の最終盤にあたり、安倍政権への市民の怒りと行動は一層強まるのは明らかである。審議に合わせた抗議行動は夕方以降となり、議事堂周辺は暗くなると思われ、市民の安全確保には最善を尽くさなければならない。主催者はスタッフを増員するなど、できるだけの態勢をとるつもりであるが、参加者の安全のためになににもまして、危険な鉄柵の配置の中止と国会前車道の開放が求められる。夜は現場の車の交通は著しく減少し、迂回道路も十分に可能である。市民の安全を配慮する意志があるならば、警備当局はこれをかならず決断すべきである。

（7）私たちは安倍内閣の「戦争法」に反対する市民の表現の権利が、正当に保障されることを望んでいるだけである。しかし、今回のような警備体制を継続するなら、市民の警察当局に対する不信は増すばかりである。主催者は多数の整理誘導チームに加えて、法曹関係者らによる警備チームと国会議員有志による監視団を組織して、対応してきた。私たちは行動に対しては参加者との信頼関係を前提に、責任ある自主的な警備をもって対応する所存であり、現場の整理誘導は第一義的に主催者にゆだねるべきであることも強く要請する。これこそが行動が所期の目的を果たして、参加者の無事安全が実行される保障だと考える。

以上、実行委員会は警察当局に強く要請する。

行動は霞ヶ関官庁街にも広がる（2015.8.30）

２０１５年９月７日

戦争させない・９条壊すな！総がかり行動実行委員会

以降も、国会周辺での市民の行動と警察の警備のせめぎ合いは続いたが、翌年、参議院選挙を前にした２０１６年６月、総がかり行動実行委員会は、大規模な国会行動を準備するに当たって、三たび、警視庁への申し入れをおこなった。

◇6月5日開催予定の「明日を決めるのは私たち―政治を変えよう6・5全国総がかり大行動」に関する警察当局の警備に関する実行委員会からの申し入れ◇

警視庁警備関係責任者様

警視庁麹町警察署長様

6月5日（日）14時から私たち「6・5大行動実行委員会（事務局：総がかり行動実行委員会、市民連合）」は「明日を決めるのは私たち―政治を変えよう6・5全国総がかり大行動」を国会議事堂周辺から霞ヶ関周辺で開催します。

この行動は当日、同趣旨で全国各地で開催される市民の統一行動の一環であり、国会周辺には、同所に12万人以上が結集した昨年の8月30日の行動を上回る多数の市民の参加が予想されます。この行動は安

日比谷公園かもめの広場付近（2015.8.30）

倍内閣の戦争法推進と立憲主義の破壊などの悪政に抗議する市民の行動であり、いうまでもなく日本国憲法が保障する市民の正当な権利の行使です。行動にはさまざまな年齢の多様な市民が参加します。この行動の安全を保障するため、主催者は警備当局に以下の申し入れをおこないますので、真摯に、誠実に受け止め対応するよう要請します。

昨年の行動に際しても主催者は警視庁に10万を超える大結集が予想される市民の行動の安全を確保するため、一定時間、国会正門前の車道を通行止めにして、行動参加者に開放するよう要請しました。当局は私たちの要請を聞き入れませんでしたが、当日は鉄柵と警察車両によって超満員状態に封じ込められた市民が身の危険を感じ、やむなく鉄柵の外に進出し、騒然となって、車道は一時期、自然に通行止めになり、老若男女の市民の行動に開放されました。もしも警備当局が、あらかじめ主催者の申し入れを受け入れていたなら、この市民の安全が脅かされる不測の事態は生じず、行動はつつがなく進行したにちがいありません。警察当局の責任は重大です。

6月5日の行動に際して、このような市民の行動の安全がふたたび脅かされるような事態を招かないために、私たちは国会正門前の車道（通称並木通り）を行動開会予定1時間前の13時から、終了予定の30分後の16時まで全面的な車両通行止めの措置をとるよう要請します。

この車道開放の措置は、全国各地でおまつりや「歩行者天国」など

日比谷野外音楽堂を埋めつくしたプラカード（2015.8.27）

必要に応じてさまざまな市民の行事に車道が開放されていることと同様なものであり、不可能ではありません。また民主主義を原則とする諸外国の国会議事堂前が市民の政治的行動に開放されている事情とくらべても、日本の現状は異例であり、民主主義の原理から考えても容認されてしかるべきものです。警備当局の決断を強く求めます。

なお、昨年8月30日の国会前での市民の行動の参加者数に関して、「警察関係者」と称する人物がマスコミに事実と大幅に異なる数字を発表し、国会の審議でも問題になりました。今後、こうしたいわゆる「警察発表」なるものはすべきでないことを申し添えます。

最後に、当日の行動に当たって主催者側は、参加者の安全の確保に全力をあげ、自らの政治的主張の表現を非暴力の原則に基づき、整然と実行するつもりであり、原則として行動の整理・誘導は主催者の自主警備とし、警察当局がいたずらに参加者に不当・過剰な統制を加えるなど、挑発をおこなうことのないように強く要請します。

２０１６年６月１日

６・５全国総がかり行動実行委員会

【参加者数をめぐる警察や産経新聞のデマ】

２０１５年の８・30行動の参加者数をめぐって、主催者が12万人と発表したのに対して、警察当局や産経新聞が発表した数字が３万２４００

横浜公聴会に抗議の
シット・イン
（2015.9.16）

人（産経新聞）、3万3000人（警察当局）とあまりにもかけ離れていることが問題になった。このことは市民行動の参加者数の発表の信憑性に関わるので取り上げておきたい。

筆者が若い頃、某党派の発表する参加者数は5倍以上、警察の発表は半分以下、などという相場観が流行したことがある。主催者はできるだけ多く発表し、警察はできるだけ少なく見せるというのである。いまだにマスメディアが集会の人数を発表するときに、わざわざ何万人（主催者発表）と書くのはこの名残である。集会の最中に「今日は主催者発表は何人ですか」などとたずねてくる記者もいる。記者なら現場にいるのだから自分の足と目で確認してくれよといいたくなる。実際、おりおりの運動を見ていると、私たちから見ても「そんなにいないよね」と言いたくなるような発表（「ゲタをはかせる」といわれる）がされるときがないわけではない。しかし、総がかり行動実行委員会は、一貫してゲタをはかせるやり方を採らないできた。誇大な発表は参加者からの運動の信用に関わり、運動の自殺行為だからである。総がかりが参加者数を発表すると、参加者から「もっといたんじゃないの」とおしかりを受けることさえしばしばあるほどである。とくに1万人近い人数になると、個々の参加者は全体がかならずしもみえず、多く見えることがあるようだ。

今回の数字の食い違いのいきさつを調べると、産経新聞社は「産経ニュース」で「安保法案反対デモ、本当の参加者数を本社が試算」と題して「空撮画像から、国会前の群衆を9つのブロックに分け、1ブロックの人数を3600人と推計して9倍することで、独自に3万2400人という数字を割り出しました」と述べた。たしかに、この方法はしばしば使われる手段である。警察は集会の広さを平方メートルで割り出し、それにおさまる人数をかけて計算すると聞いたことがある。今回は産経新聞と警察がほぼ同様の数字をはじいた。

産経新聞や警察の発表は、各ブロックや1平方メートルあたりの密度を度外視したとしても、計算されたエリアは正門前の並木通りだけのことだ。一方、主催者側は約12万人という数字を集計発表した。参加者は産経の使った国会正門前並木通りの空撮写真に映っている人びとだけでなく、木々で隠れている並木通りの両側の公園の森の中に人びとがギッシリいたし、国会の南北、裏側、首相官邸、国会図書館周辺では車道にはみ出した人びとが大勢おり、霞が関と日比谷公園周辺にも集まっている人たちがいた。各場所にいた人の中には、最終的に国会前に向かった人もいれば、その場に残った人、途中で帰った人もいる。人の出入りがあり、延べ人数を数えるのは不可能。一番数が多かったデモ終盤に、各地に散らばっている実行委員会メンバーがだいたいの数を事務局に報告し、それを集計して発表したのである。この方法では実態とそんなに大きくかけ離れるとは考えられない。

国会前車道
(2015.8.30)

後にわかったことだが、ある国会関係者がブログで要旨、以下のように書いた。

国会議事堂周辺の地下鉄4駅(国会議事堂前駅、永田町駅、霞ヶ関駅、溜池山王駅)の東京メトロ広報課に問い合わせて「改札口を出た人の数」を調べた。デモがあった30日は、他に大きなイベントはなかったにもかかわらず、デモがなかった16日の日曜日より4駅で計7万2189人増えていた。

この数字はあくまで4駅の総計であり、当日の行動の参加者が利用したと思われる近くの地下鉄の他の駅、日比谷、内幸町、赤坂見附、虎ノ門、桜田門などが入っておらず、遠方からの参加者が使ったと思われるJRの有楽町や新橋なども除外してある。混雑を予想して遠くから徒歩で参加した人びとや、地方からバスを貸し切ってきた人びと、東京駅などからタクシーで乗り付けた人びとも少なくない。これを考えると10万を遥かに大きく越えただろう。

これとは別に、国会では、民主党議員らによって8・30デモに参加した人の人数をめぐる質疑が行われ、結局、警察側は「あくまでも特定エリアの一時点の人数だった」と説明したのである。

藤田幸久・民主党「その3万3千人の根拠。どういう方法で3万3千人と判断したのか」

斉藤実警察庁審議官「警察としては全体の参加者の数を発表する立場

国会前スピーチより　**瀬戸内寂聴（作家　2015.6.19）**

私は93歳になりました。去年1年ほとんど寝たきりでした。けれど最近のこの状態は寝ていられないほど私の心を傷めました。どうせ死ぬんなら、こちらへきて一言でも皆さんにご挨拶をして、このままではだめだよ、日本はほんとうにこわいことになってるよ、と申し上げて死にたいと思いました。……

（戦後北京から徳島に引き上げて）考えたことは、この戦争は、天皇陛下のため、あるいは日本の将来のため、東洋平和のため、というふうに教えられておりますが、戦争にいい戦争というものは絶対ありません。戦争はすべて人殺しです。殺さなければ殺されます。そんなことは人間の一番わるいことです。

にはございませんで、あくまでも警察活動に必要な範囲で特定のエリアの一時点における人数の把握に努めておりまして、それぞれの現場に応じた方法で人数の把握をしたということです」

警察側は「全体の参加者の数を発表する立場にない」とした上で、「あくまでも特定エリアの一時点の人数把握に努めている」と説明した。これは、まさに産経新聞がいう正門前の並木通りのエリアのことではないのか。国会を包囲した人びと、日比谷公園にいたる霞ヶ関の歩道を埋め尽くした人びとは警察の集計から除外されているのである。

付け加えておくと、警察はこのところずっとデモの人数はメディアなどに報告しなかったにもかかわらず、今回だけはしゃしゃりでて「警察発表」なるものをおこなった。市民の行動の巨大化に恐怖した官邸の意向を忖度したか、指示があったに相違ない。

【議会制民主主義を破壊した戦争法の強行採決】

世論の動向を示すマスコミの世論調査でも、国会審議を見ながら、法案反対、強行採決反対の声が強まっていった。どちらかといえば保守的メディアに属する時事通信が6月5~8日に実施した世論調査では、安倍内閣が通常国会で成立を目指す「安保法案」については、「廃案」12・0%、「今国会にこだわらず慎重に審議」68・3%で、今国会での成立に反対あるいは否定的な声が8割超に上り、「今国会で成立させる

民主党蓮舫議員の烈迫のスピーチ（2015.9.18）

べきだ」は13・6％にとどまった。世論の圧倒的多数が通常国会での強行採決を警戒し、反対していた。

フジテレビ（産経）の7月20日の世論調査でさえも過半数が安倍内閣不支持であり、支持39・3％、不支持52・6％で、第2次政権発足以降最低で、「支持しない」と答えた人が、「支持する」と答えた人を初めて上回った。

しかし、安倍政権は国会会期を大幅延長したものの、審議の進め方は極めて異常であり、乱暴であった。会期末が近くなり、連日のように万単位で結集する国会周辺の市民運動をはじめ、法案反対の世論の高まりの中で、この後につづく連休期間になれば反対の声がいっそう高まることを恐れた与党は、9月18日未明の参議院特別委員会と、それにつづく19日未明の参院本会議での戦争法の採決を強行した。この経過は議会制民主主義の自殺行為にも等しいものであり、戦後の国会史上でみても最悪というべき暴挙であった。翌年、2016年10月17日の国会で安倍首相は「我が党は結党以来、強行採決をしようと考えたことはない」と述べたが、ウソもほどほどにしてもらいたいものだ。

参院特別委員会ではあらかじめ綿密に作られたシナリオのもとに、鴻池祥肇委員長のまわりを自民党議員のスクラムで囲って、「採決」が準備された。自民党の委員はスクラムの中では手元が暗くてメモが読めないことまでを見越して「携帯ライト」を用意していた。のちにこれは自民党による「人間かまくら」と嘲笑された。このデタラメな強行採決の企てを阻止しようとした民主党の小西洋之議員が自民党の自衛隊出身の佐藤正久議員にパンチを浴びせられ、顔が大きくゆがんだ映像もＳＮＳで広く出回った。

当日の議事録は9月18日に各議員に示された速記録の未定稿では、鴻池委員長の発言の箇所は「……（発言する者多く、議場騒然、聴取不能）」となっていた。ところが10月11日に出された議事録は改ざんされている。「聴取不能」までは未定稿と同じ内容だが、「委員長復席の後の議事経過は、次のとおりである」との説明と、審議再開を意味する「速記を開始」して安保法制を議題とし、「質疑を終局した後、いずれも可決すべきものと決定した。なお、（安保法制について）付帯決議を行った」と明記された。ありえなかった「採決」と、議事録の内容が偽造されたのである。こうした経過をさして、野党は「採決は存在せず、無効」であり、戦争法は成立していないと指摘した。

２０１５年9月19日未明、国会の正門前と衆参議員会館前に結集した多数の市民が叫ぶ「戦争法案廃案！」「野党ガンバレ」のコールのなか、参議院本会議で安倍政権と与党自民党・公明党などによる戦争法制の強行採決が行われた。

【9・19、総がかり行動実行委員会の声明】

強行採決の当日、総がかり行動実行委員会は次のような声明を発表した。

◇声明

9月19日、政府・与党は強行採決に次ぐ強行採決を重ね、日本を海外で戦争する国にする憲法違反の戦争法を成立させた。私たちは満身の怒りを込めて抗議する。一内閣の恣意的な憲法解釈の180度の転換による戦争法は、それ自体、違憲・無効であり、立憲主義の大原則を否定するもので、断じて認めることはできない。私たちは、戦争法のすみやかな廃止を実現するため全力を尽くし、戦争法の発動を許さない世論と運動を発展させる。

「安倍の暴走」は同時に、沖縄での辺野古新基地建設や原発再稼働、教育の国家統制と歴史認識の歪曲、秘密保護法体制と個人情報の国家管理、消費税の引き上げとTPP、女性の人権軽視と労働者の使い捨てなど、あらゆる分野で進められている。私たちの運動は、まさにこれらと闘う人びととの共同・協力による「総がかり行動」でもある。

この一年余、「戦争法案絶対反対」「9条壊すな」の声は全国津々浦々にひろがり、老若男女がこぞって行動し手を結ぶ歴史的なうねりとなってきた。最高裁長官や内閣法制局長官の職にあった人びとをはじめ、学者、法律家、宗教者、芸能人などを含むあらゆる分野で「戦

国会前スピーチより　**辻元清美（社民党国会議員　2015.6.19）**

今私は、安保法制の特別委員会のメンバーとして、明日も朝９時からトップバッターの質疑者として、質疑をいたします。……

特別委員会のなかは、45人の委員会のなかで、これは憲法違反で認められないと言っているのは、民主党の７名と共産党の２名の９名しかおりません。しかし何とかあの場で私たちがふんばっていけるのも、おおくの皆さんの「おかしいじゃないか。廃案にしろ」という声が広がっているので、その思いをうけとめて私たちは国会の中でたたかえるんです。今国会の議席と国民はねじれがあります。国会の中で多数を持っている与党と、と国民の多数は違います。おおきなねじれです。このねじれを皆さんと力を合わせてしっかりただしてまいります。

争法案廃案」の声が湧きあがり、大学生や高校生、若い母親たちの主体的な行動とも響きあい、違いを超えた広範な共同行動が生み出された。私たち「総がかり行動実行委員会」は、このような運動の発展に一定の役割を果たすことができたことを誇りに思う。

この間、全国数千か所での人びとの行動を背景にして国会正門前を連日埋めつくし、国会を何度も包囲した人びとの波は、暴走する政府・与党に立ちふさがる巨大な壁となり、政府・与党を大きく揺さぶり、窮地に追い込んだ。この広範な人びとの声と行動こそが、民主・共産・社民・生活の連携を支え、野党の闘いを強めるという画期的な状況をつくりだした。ここに示された無数の人びとの意思と行動は、決してこれで終わることはない。このエネルギーは、必ず戦争法の発動にストップをかけ、戦争法を廃止する力となろう。私たちは、この人びとの力を信じ、希望として、前進する。

全世界の人びとの生命のために、平和のために、憲法を生かすために。

２０１５年９月19日

戦争させない・９条壊すな！総がかり行動実行委員会

【「国民は餅を食ったら忘れる」か】

強行採決の頃、ある与党の幹部が、強行採決しても「国民は餅を食ったら忘れる」（年末年始の休日を過ぎれば過去のものとなる）と言ったという話が市民運動の中で伝播し、運動の怒りに火を点けた。

総がかり実行委員会は強行採決の9月19日にちなんで、毎月19日を戦争法廃止の行動の日に設定した。合い言葉は「19日は国会にイク日」である。毎月19日は国会だけでなく、全国の市民たちが各地で行動に立ち上がる日となった。１カ月後の10月19日は国会前に９５００人が結集し、戦争法廃止、野党は共同して廃止法案の提出を！の声をあげた。

結局、この19日行動は強行採決から1年余を過ぎた２０１６年秋の現在も続いている。法案が強行採決された後、１年以上にわたって、その廃止を求める大規模な市民運動が続いているということは、他に類例を見ない。

3章 2015年安保闘争の特徴
——総がかり行動

【4つの特徴】

筆者はこの間の運動を一連の市民のメディアの原稿や諸行動のスピーチの中で「2015年安保闘争」と名付けた。「安保闘争」とはいうものの、これは1960年の「60年安保闘争」や1970年の「70年安保闘争」とはそのテーマや課題においてかなり異なっている。「60年」と「70年」はまさに日米安保条約とその体制に反対することがテーマだった。今回の「2015年安保」は安倍政権のいう「平和安全法制整備法」（反対運動側は「戦争法」と名付けた）に反対する運動で、たしかに日米安保体制、そのもとでの新ガイドラインの新しい段階での具体化に反対する運動ではあるが、直接に日米安保条約に反対する課題をかかげたものではない。

この「2015年安保」は日本の戦後の民衆運動史のなかで、「60年安保」「70年安保」につづく大規模な大衆運動であり、狭義には2015年の安保法制・戦争法に反対する闘争の1年であるが、広義にとらえると、2013年末の秘密法制に反対する運動に始まり、2014年の集団的自衛権の憲法解釈の変更に反対する運動を経て、2015年の戦争法廃案をめざすたたかい、そして2016年の参議院

国会前スピーチより **内田雅敏（戦争させない1000人委員会　2015.6.25）**

いま沖縄で行われていることは、1945年7月26日ポツダム宣言の12項に違反するのではないでしょうか。「連合国占領軍は、その目的達成後そして日本人民の自由なる意志に従って、平和的傾向を帯びかつ責任ある政府が樹立されるに置いては、直ちに日本より撤退するものとする」……

私たちは韓国の人たち、中国の人たち、アジアの人たちと、民衆同士の連帯によって、集団的自衛権の行使でない、民衆の安全保障によって友人となる、そういう関係を作らなければならないと思います。

最後に樋口陽一さんの本の1部を引用して終わります。――理想と現実の乖離につかれて、理想を捨てるのか、それとも理想と現実の乖離を見据えながらたとえ格好悪くても、現実を裏層に近づける努力をするのか。

議員選挙に連なる約3年に及ぶ一連の大規模な、全国的市民行動を総称したものと考えられる。

それだけにこの運動は多くの経験と教訓に満ちており、これを振り返っておくことは今後の市民運動の展開を検討する上で、極めて重要だ。

私が各地に招かれ、講演したときに語ってきたことは、２０１５年安保は「60年安保」、「70年安保」と比べて考えると四つの大きな特徴を持っていたということである。それは、

①「総がかり」運動の形成、

②「非暴力の運動」であったこと、

③大量の自立した市民が参加した行動であったこと、

④国会内外の運動の連携と野党共同の形成の実現、である。

そして、この特徴が２０１５年９月以降も全国各地で継続されている運動の普遍性を示している。この4点の特徴は私個人のまとめであり、他にもさまざまな総括の視点があり得ることを否定しない。

例えば２０１６年９月７日にまとめた総がかり行動実行委員会の方針の中では次のようにまとめた。

総がかり運動の主要な特徴は、５点です。

まず安倍自公政権の暴走の中で、平和・民主主義・憲法が戦後最大の危機にあるとの認識があること、

5・3集会前段の結集デモ
（2015.5.3）

2点目、3・11を契機に自らがかかわってきた運動・運動体の弱点・限界についての自覚があること、そして運動の形として、

3点目、労働団体と市民団体、市民との共闘をめざしてきたこと、

4点目、運動経過と立場の違いを超えて、様々な政治的立場を乗り越えた共闘を形成してきたこと、

5点目、政策の実現をめざして、選挙闘争も含めて野党共闘の形成をめざしてきたことです。（総がかり行動実行委員会ホームページ参照）

筆者はこの総括の視点にも同意している。

【総がかり行動の誕生】

２０１４年12月15日、それまでの約半年の準備期間を経て、「戦争させない・９条壊すな！総がかり行動実行委員会（略称『総がかり行動実行委員会』）が「戦争をさせない１０００人委員会」「解釈で憲法９条を壊すな！実行委員会」「戦争する国づくりストップ！憲法を守りいかす共同センター」の３団体によって発足した。この根底にあったのは安倍内閣による戦争法の策定への危機感である。発足に際して、総がかり行動実行委員会は２０１５年の通常国会中に共同して「戦争法」に反対するさまざまな集会や、国会包囲行動などに取り組むことと、２０１５年

5・3集会で大江健三郎さんのスピーチ（2015.5.3）

の「5・3憲法集会」を広く共同して取り組むことなどを申し合わせた。以降、この「総がかり行動実行委員会」が2015年安保闘争の要所、要所で市民行動を提起し、組織する母体となった。

2015年2月、総がかり実行委員会は「『戦争させない・9条壊すな！総がかり行動』をみんなの力で成功させましょう」と題する以下のアピールを公表した。

安倍政権は、昨年（註・2014年）暮れの衆院総選挙での「勝利」をテコに、戦争する国づくりから憲法改悪へとますます暴走の勢いを強めようとしています。そのために秘密保護法を強引に制定・施行し、武器輸出を促進し、防衛予算を急増させ、沖縄・辺野古への新基地建設を強行し、集団的自衛権の行使など海外で戦争することを「合憲」とする憲法違反の閣議決定を行い、日米防衛ガイドラインを改定し、戦争関連法案を国会に提出しようとしています。さらに安倍首相は、明文改憲をめざすと明言しています。

この暴走を止めるには、国会で与党が圧倒的多数を占めている現状では、大きな世論の力を強め、それを体現する広範な人びとの声と行動を示す必要があります。そのため私たちは、これまで独自に、また随時共同して行動してきた諸団体・ネットワークが一つにまとまって、総がかりで共同行動を進めていくことにしました。この共同行動は、

戦争法反対で日比谷野音に
大結集（2015.5.12）

これまで私たちの運動がなかなか超えられなかった相違点を乗り越え、戦争する国づくりをくいとめ憲法理念を実現するために大同団結するもので、画期的な試みです。

安倍政権は、5月の連休明けには戦争関連法案の国会提出とガイドラインの再改定をセットで行おうとしています。すでに「密接な関係にある国」が先制攻撃した場合でも支援を否定せず、集団的自衛権の行使には「地理的限定はない」とし、また日本人人質の痛ましい殺害事件をも利用して「邦人救出に自衛隊派兵を」と発言するなど、危険きわまりない内容が想定されます。このため、5月、6月、場合によっては7月と、平和といのちと憲法を守り生かすための私たちの行動はヤマ場を迎え、連続行動も必要になるでしょう。

くわえて、安倍政権の暴走は、原発の再稼働、福祉の切り捨てや労働法制の改悪などによる貧困と格差の拡大、歴史認識の改ざんと教育への国家統制の強化、ＴＰＰや企業減税の推進など大企業と富裕層への優遇策などあらゆる分野で進められています。このため私たちは、これらの分野で行動している人びととも手をつなぎ、総がかり行動を名実ともに拡大・発展させていきたいと考えています。

この重大なときにあたり、みんなの力で「総がかり行動」を成功させるため、みなさんのご参加とご協力を心から呼びかけます。

２０１５年2月

同右

戦争させない・９条壊すな！総がかり行動実行委員会（略称：「総がかり行動実行委員会」）
戦争をさせない１０００人委員会
解釈で憲法９条を壊すな！実行委員会
戦争する国づくりストップ！憲法を守り・いかす共同センター

このアピールは数10年にわたる日本の反戦平和運動の分岐と対立に終止符をうつ、実に歴史的なアピールであった。これにいたる呼びかけ3団体の経過を見ておきたい。

【3団体、共闘への経過】

「戦争させない１０００人委員会」は２０１４年2月に呼びかけられ、発起人は雨宮処凛、内橋克人、大江健三郎、大田昌秀、奥平康弘、小山内美江子、落合恵子、鎌田慧、香山リカ、倉本聰、佐高信、瀬戸内寂聴、高橋哲哉、高良鉄美、田中優子、山口二郎。この呼びかけにもとづいて3月20日、日比谷野外音楽堂で「憲法を破壊する集団的自衛権行使反対！　戦争をさせない１０００人委員会出発集会」が開催され、悪天候の中、会場から溢れ出る約４０００人の人びとが参加した。以降、１０００人委員会は労働組合「連合」内の旧総評系の労組などを中心にした市民団体の「平和フォーラム」を基礎にして、全国各地の都道府県

ゆくのは、わたしら
（九条の会のポスター）

に１０００人委員会を組織していった。

「解釈で憲法9条こわすな!実行委員会」は２００１年以来、5月3日の憲法記念日の集会を共同して開催してきた超党派の5・3憲法集会実行委員会の事務局構成団体（許すな!憲法改悪・市民連絡会、憲法を生かす会、憲法会議、平和を実現するキリスト者ネット、「憲法」を愛する女性ネット、市民憲法調査会など）を中心に、首都圏の約１３７団体の市民団体の参加でつくられた。ここには多くの無党派の市民グループも結集した。「9条壊すな!実行委員会」は２０１４年4月8日、大江健三郎さんらをスピーカーに招いて、「解釈で憲法9条を壊すな!4・8大集会&デモ～「『集団的自衛権の行使』は海外で戦争すること」を開催し、日比谷野音内外に約５０００人の市民が参加した。同実行委員会は以降、4月～6月にかけて頻繁に集団的自衛権の行使に反対するキャンペーンに取り組んだ。

「戦争する国づくりストップ!憲法を守りいかす共同センター」は、２０１４年5月30日、従来の同組織を再編強化して、新たな情勢に対応していくことになった。同組織の運営委員会は全国労働組合総連合（略称：全労連）、全国商工団体連合会（略称・全商連）、新日本婦人の会、農民運動全国連合会（略称：農民連）、日本民主青年同盟（略称：民青同盟）、全日本民主医療機関連合会（略称：全日本民医連）、「平和・民主・革新の日本をめざす全国の会」（略称：全国革新懇）、自由法曹団、

5・3憲法集会
(2015.5.3)

憲法改悪阻止各界連絡会議(略称:憲法会議)、日本共産党(略称:共産党)で構成されている。

2014年6月30日、7月1日を頂点とする集団的自衛権の解釈変更に反対する運動は、首相官邸前や日比谷野外音楽堂を中心に頻繁にくり返された。この過程で1000人委員会と9条壊すな！実行委員会は、その構成メンバーの重なりもあり、協調が容易であり、密接に共同行動を重ねていった。あらかじめ相談して共同行動するのではなく、官邸前など諸行動の現場で運営をうち合わせながら共同して集会や行動をおこなうという形態(2者共闘)も多くなり、その幅の広さが支持されて、参加者も急速に増加していった。安倍政権が従来の日本政府による憲法解釈の変更を閣議決定でおこなうという危機に際して、2者の共同による市民行動は急速に高揚した。この過程で、共同センターから3者で共闘を組みたいという申し入れが再三、おこなわれた。

しかし、共同センターによる申し入れの受諾は容易ではなかった。とくに連合左派の影響力が強い平和フォーラム系の人びとと、共産党系の共同センター、両者の共同は従来ほとんどおこなわれたことがないだけに、二つ返事でOKという具合にはいかない問題が大きかった。市民運動の中には「共産党系」の運動のセクト主義に対する根強い警戒感があり、また共産党系の中にも市民運動にたいする不信感があったはずである。特に全国各地の労働組合運動や、各種課題の市民運動のなかには、歴史的な経験から来る相互不信は根強くあり、それは一概に無視できるものでもなかった。

3者の代表による協議は一進一退の、真剣で、丁寧な議論と調整を経て、この項の冒頭に書いたとおり、12月15日に「戦争させない・9条壊すな！総がかり実行委員会」の発足を見るに至った。

戦後の日本社会での反戦平和運動の歴史には、分裂と対立がつきまとっていた。60年安保以来といわないまでも、とりわけ労働戦線に「連合」が結成されて以来、反戦平和運動のなかでは分裂と対立が恒常的な状況になっていた。憲法問題や反戦平和の課題はとりわけ政治的色彩が強いため、政党や労働組合の系列ごとに組織される場合が多く、運動は分化しがちだった。政党の系列に関連しては共産党系、社会党系、民主党系・無党派系などとなり、労働組合との結びつきでは、連合系（旧総評系）、全労連系、全労協その他中立系などという具合であった。どれにも属さない無党派の市民運動や独立左派系の市民運動は両者の間で間合いを計って行動していた。これらの運動で対立の要因となった問題には労働組合運動だけでなく、原水爆禁止運動や反原発運動、部落解放運動、国際連帯運動などなど、広範な現場での対立や亀裂があった。

前節で記述したが、安倍政権による集団的自衛権の解釈変更に反対する課題でも、２０１４年春の段階では、東京では従来通り、当初は三つの流れによって別々にセンターが組織され、行動していた。

国会前スピーチより　高田　健（解釈で憲法9条壊すな!実行委員会　2015.7.9）

総がかり行動実行委員会は、朝からこの場所で座り込みをやりました。雨のなかだったんですけれど、朝の集会をやって、午前の座り込みをやって、昼の集会をやって、この時点でいったん中断しました。

明日また同じ場所で座り込みをやります。どうしてこういう日程をいれたか。それは安倍内閣による衆議院特別委員会での強行採決が非常に緊迫をしている。来週にもやると言っている。……

国民に理解がされていないときでも、決めるときは決めなければいけないなどということを高村副総裁をはじめとして、安倍自民党あるいは与党が言っていることです。とんでもないことです。どういうことか。主権者は誰だと思っているのか。国会で多数をとれば何をやってもいいと思っているのか。

２０１５年安保の特徴である「総がかり行動」の実現は、戦後の歴史を変えるような課題としての安倍政権の戦争法に反対するたたかいを組織するうえで、これらが従来通り別々に運動を展開するようでは間に合わないという危機感があった。「総がかり」というあまりスマートではない名称に、運動の大合流をめざす決意が込められている。「総がかり行動」が組織されたことにより、従来は分散して行動していた地域などさまざまな市民運動もこれに大きく合流できる条件が整った。

そして、この「総がかり行動実行委員会」は東京で組織された事実上の中央センターだけでなく、全国の主要都市や、地域によっては市区町村段階にいたるまで、共同行動の機関として同様の名称をもったものが組織されていった。全国各地で「総がかり」が運動の共同行動の合い言葉になったところは少なくない。

また、例えば政治的には全くニュートラルな日本弁護士連合会が安保法制に反対する運動を起こす場合でも、市民の側が統一していることが共同行動するうえでも前提条件であった。あるいは、その後、あらたに自発的に組織されていった安全保障関連法に反対する学者の会、安保関連法に反対するママの会、ＳＥＡＬＤｓ（自由と民主主義のための学生緊急行動）、立憲デモクラシーの会などが広範な共同行動を展開するうえで有利な条件になっていった。

２０１５年10月末の時点（団体の事情で解散するなど、多少の変化が生じている）での総がかり行動実行委員会の構成団体は以下の諸団体である。

戦争をさせない１０００人委員会
解釈で憲法9条壊すな！実行委員会
戦争する国づくりストップ！憲法を守り・いかす共同センター
安倍の教育政策ＮＯネット
沖縄・一坪反戦地主関東ブロック
改憲問題法律家6団体
さようなら原発１０００万人アクション
首都圏反原発連合
原発をなくす全国連絡会
脱原発をめざす女たちの会
日韓つながり直しキャンペーン２０１５
日本軍「慰安婦」問題解決全国行動
国連人権勧告の実現を！実行委員会
戦時性暴力問題対策会議
「秘密保護法」廃止へ！実行委員会
反貧困ネット

国会前スピーチより　**中野晃一（立憲デモクラシーの会　2015.7.9）**

ともすると、長いこと平和運動にかかわってきた憲法守ると言ってきた人たちを当たり前の存在のように思って、目が新しいところにだけいっているんではないかと、自分自身反省することがあるんです。これは失礼な例えになるかしれませんが、敷布団がしっかりしていなければ、掛け布団をいくら重ねても、寒いんですよね。

皆さんのことを敷布団と言ってしまってすみません。本当に暑いときは掛布団なんかいらない。だけど敷布団は必要だと。寒くなってくると、断熱をしっかりしてくれる敷布団がないといけないと。……生活が大変であっても足を運んで声をあげてくださる皆さんに、私は政治学者としてというよりも１人の子どもを持つ父親として本当に本当に感謝しています。

ｍネット・民法改正情報ネットワーク
全国労働組合連絡協議会
全国労働金庫労働組合連合会
以上19団体（現在は「自治体議員立憲ネットワーク」が加わり20団体）

賛同協力団体
立憲デモクラシーの会
安全保障関連法制に反対する学者の会
自由と民主主義のための学生緊急行動（シールズ、ＳＥＡＬＤｓ）
安保関連法制に反対するママの会
女の平和実行委員会
ＮＧＯ非戦ネット
宗教者・門徒・信者国会前大集会
以上７団体（現在は「女の平和」「ＳＥＡＬＤｓ」が解散し５団体）

【非暴力抵抗闘争】
２０１５年安保闘争のもう一つの大きな特徴は、国会前を中心とした大規模な諸行動において、参加者に重大な死傷者をださなかったことである。これは「60年安保」「70年安保」とくらべても際だった特徴だと考えられる。

前述したが、従来から、国会周辺ではデモ行進ができないことにされている。東京都においては、公安条例とよばれる「集会、集団行進及び集団示威運動に関する条例」や「国会議事堂等周辺地域及び外国公館等周辺地域の静穏の保持に関する法律」などによって不可能になっている。唯一、合法的に可能なのは「国会請願デモ」である。「国会周辺」を通過するデモ行進を、東京都公安条例に基づいて申請しても、東京都公安委員会と警視庁は、これを許可しない。「国会請願デモ」は出発地点からはデモ行進を行い、国会周辺に近づいた時点で請願行進に切り替え、議員面会所前で国会議員への請願行動を行うという形態のデモ行進である。

今回取り組まれた一連の闘争では警視庁や所轄の麹町警察が最大8000人に及ぶ警察・機動隊を投入して参加者の行動を規制した。一連の国会包囲行動や国会前の集会は、市民が現場に集まって集団で声をあげているだけであり、デモ行進ではないので、公安委員会の事前の「許可」を必要としない。だから、警備当局はマイクで参加者に何かを呼びかけるときには、デモ規制の際にくり返される「デモ行進参加者のみなさん」とは呼びかけず、「『行動』参加者のみなさん」と呼びかける。

この行動に際して警備当局は最初は歩道と車道の間や、通路を確保するという理由で歩道の中間線に設置したコーンとバーなどで規制したが、行動の規模が大きくなってきた2014年夏にはロープで結束した頑丈

国会前スピーチより　**岡野八代（学者の会　2015.7.10）**

立憲主義のもとでは個人の尊厳を守るためにこそ、国家が存在している。ところがいまの戦争法案は、国家のために国民に犠牲になれという、全く立憲主義を逆転させた法案だと思っています。戦争そのものが立憲主義と相容れないというのが私の立場です。

な鉄柵をもって行動範囲を規制する措置に出てきた。

これは危険であり、特に鉄柵を歩道の真ん中に設置したような場合、参加者が抗議して、協力して実力で撤去するなどの行動もあった。２０１５年になると行動は万単位の参加者を数えることがしばしばとなり、狭い鉄柵で囲まれた歩道のエリアに多数の市民が押し込められることは極めて危険な状態になった。結果として8月30日の12万人の参加者と、9月14日などの数万人の参加者は国会正門前並木通りの両側に設置された鉄柵を越えて、車道にあふれ、事実上開放される場面もあった。これは実に60年安保闘争以来、55年ぶりの「事件」であった。

これらの巨大な連続闘争を可能にした要因には、運動が非暴力抵抗闘争の方針をつらぬいたことの意味が大きい。これらの行動の中で総がかり行動実行委員会は警備当局の不当な制限には断固抗議してたたかった。実行委員会がその都度、現場で警備に抗議したり、あるいは警視庁に文書で抗議したり、弁護士が抗議したり、時には国会議員の「不当弾圧監視団」が組織されたり、国会の委員会で警察庁に質問したりもした。警備当局は運動の高揚局面で、20数人の行動参加者を不当逮捕し、拘留したが、実行委員会はこれに抗議し、弁護士などをつけてそう長期にわたらないうちに奪還した。

この運動全体の中で、「非暴力抵抗」でたたかうという認識が共有されたことは実に大きな意義があった。それは警備警察の不当な干渉を黙

市民の行動を規制する機動隊の車輌

認したり、抵抗しないということではない。市民の表現の自由、政治的行動に対して不当に制限したり、弾圧したりすることに対しては非妥協的に抵抗し、たたかわなくてはならない。しかし、それは非暴力抵抗闘争である。

行動の現場では、一部の参加者が主催者に対して「なぜ、国会につっこませないのか」「なぜ警察とたたかわないか」などという「抗議」をする場面もあった。私たちの国会包囲行動はあくまでデモンストレーションであり、それを通じて世論を喚起し、政府を政治的に包囲することであった。市民の民主主義的な、当然の権利の行使としての行動に警備が不当な規制をしたり、弾圧することは絶対に許すことはできない。実行委員会はあらゆる機会をとらえて、これとたたかった。しかし警備の警察と直接的に、実力でたたかうことが目的ではない。もしも実行委員会がこうした方針をとったら、権力と一部右派メディアの全面的な攻撃を受け、運動は大きな打撃を受けたに違いない。これら一連の行動の中で警官隊と衝突し、大量のけが人が出るなどしたら、この運動は今日まで大規模な大衆行動として継続することは不可能だったであろう。

8月30日の国会正門前車道の開放の際にも、参加者によって鉄柵による規制線が突破されると、実行委員会は「前の人を押さずに、周囲の人びとに配慮してゆっくりすすもう」と呼びかけた。多くの参加者が「そうだ、けが人を出すな。落ち着いてすすもう」と応じて、「戦争反対、

国会前スピーチより　**福島瑞穂（社民党・参議院議員　2015.7.24）**

安倍内閣は洗脳内閣だと思います。メディアと教育をコントロールし、政府批判の発言を抑えこもうとしています。私も、「戦争法案」「鉄面皮」ということばを使ったら、自民党から、削除要求をうけました。「戦争法案は不適切だ。削除せよ」と言われました。でも思います。「戦争するのに平和という言葉を使うな！」「国際平和支援法と平和安全法制整備法案」、平和を使ってふざけるな！

9条守れ、安倍を倒せ」のコールをしながら、呼応した。長期の運動の過程で、行動に参加する市民たちと実行委員会の間には一定の強い信頼関係が成立していたのである。

行動は非暴力を原則とするという実行委員会の立場は、参加者の年齢、性別などを含めさまざまな条件の違いに配慮し、運動の多様性を保障する上でも、運動の継続と広がりを実現するうえでも不可欠の重要な条件だった。実際に連絡先になった事務所には「私のお母さんは80歳だけど、新聞の広告を見て、ぜひ国会前に行きたいというのですが、参加して危なくはないでしょうか」「参加してもし私が逮捕されることにでもなったら、職場も大変だし、子どもの食事も作れなくなる」などという心配や問いあわせが少なからずあったのである。

実行委員会はこれらの人びとの参加にも最大限、道を開く責任があった。強行採決された9月19日以降も全国で運動が展開され、共同が継続した要因は、この「非暴力」の原則が果たした役割が大きいと考えられる。

これらの運動の基本的立場について、2015年10月29日に確認した「総がかり行動実行委員会の中間総括と今後のとり組み」と題した文書は以下のように指摘した。

集会は、「非暴力」が前提であり、参加者も「子ども連れの母親た

ち」、「車いす利用者」、「目の不自由な方がた」、「高齢の方がた」も参加できるよう会場の設計やスタッフの配置に努め、「肖像権保証エリア」も設置しました。しかし予想を超える参加者があり、安全確保に当たって、誘導・集会の整理、場所確保など努力をしてきましたが、不十分な点などいくつかありましたが、なんとか事故なく運営することができました。それぞれの参加者、運営スタッフの努力の結果だと思われます。救護体制は、参加者が予想を超えて結集したため、大変困難な中での救護活動でしたが、その役割を十分果たすことができました。とりわけ7月26日、意識不明のまま救急搬送されたNさんについても、ご家族から、その対応の的確さについて感謝されました。

警察権力の弾圧と対応：8・30及び9・14に国会正門前並木通りが集会参加者に解放されました。実行委員会は、取り組みをするにあたって、集会前の所轄の麹町署や警視庁へ、参加者が大規模になる見込みなので並木通りの車道を開放するように要請をしてきました。しかし、警察側はこれを認めず、せいぜい「現場の状況を見て考える」ことを示唆するにとどめました。実際は私たちの指摘の通りかそれ以上となり、結果的に「開放」されましたが、「車道確保優先」を口実とした「秩序維持」のメンツにこだわった警察の姿勢が不要な混乱を招きました。こうした要請は8月10日に「この間の警察当局による国会周辺での抗議行動に対する過剰警備の申し入れ」、9月7日、

国会前スピーチより　高橋哲哉（学者の会　2015.7.24）

こういう政権に対しては、戦争絶滅請け合い法案、というものを突き付けたいと思います。20世紀の初めに、デンマークの陸軍大将グリッツフォルムという人がいたんです。この人がこういう法案を各国が採用すればいいんだということで法案をつくりました。どんな法律でしょう。戦争が始まったら、つぎの順番で、10時間以内に最前線に一兵卒として送り込むという法律です。

まず第1に国家元首です、第2に国家元首の男性親族、第3に内閣総理大臣、国務大臣、各省の次官、官僚です。第4に、国会議員、ただし反対の投票をした議員は除く、と。第5に各宗教界の指導者。これも戦争に反対した人は除く、ということであります。

6番目はないんですが、ぜひ、軍需産業の経営者を入れるべきだと思います。

「8・30の警備について、及び今後の国会周辺での抗議行動について」の文書をもって行いました。集会当日も警視庁の容認しがたい過剰警備に抗議し、集会の権利の確保、市民の安全確保のために、要請行動と協議を行いつづけました。直ちに拒否をしましたが、8・30集会の途中では、参加者の安全を口実にした集会の中止勧告もありました。結果、一定の権利保障を確立できました。また国会議員を中心に、国会議員監視団が組織され、過剰警備・不適切な警備活動に目を光らせました。しかし結果として、総がかり行動実行委員会の直接的連携による行動ではありませんが、逮捕者を出してしまいました。9月14日に1人、15日3人、16日13人、17日2人、18日1人の逮捕者が出ました。計20数名の逮捕者があり、25日の段階ですべて釈放となりました。逮捕者については、私たちの直接の連携下での行動ではなかったとはいえ、総がかり行動実行委員会主催の集会での逮捕者であるため、弁護士とも協議し、常識の範囲で支援を行いました。また一定の見解も出しました。

私たちは、いたずらに警備当局を挑発することは容認しませんが、弾圧に対しては対抗するのは当然です。とりわけ事前に並木通りの開放を要請してきたにも関わらず、かたくなに拒否をし続け、また鉄柵や警察車両を使って過剰警備を取り続けてきた警察当局に基本的に警備のあり方、集会の保障、市民の安全保護にも問題があったことは、明白でした。引き続き権利確立の努力をし続ける必要があります。

(「総がかり行動実行委員会の中間総括と今後の取り組み」より)

【かつてないほどに、大量の自立した市民の参加】

従来の反戦運動を単に「動員型」と決めつけ、おとしめる必要はない。労働組合や、さまざまな民主団体が参加を呼びかけ、「動員」することは重要だからである。歴史的に見ても、多くのたたかいが「組織」によって支えられてきた。

しかし、2015年安保においては、こうした部分の参加もひきつづき多かったが、インターネットや新聞広告を媒介にした、市民個人の参加が非常に多かったのが特徴である。これらの媒介手段は組織に属しない個人の参加を容易にした。こうして、従来、反戦平和運動に参加していなかった人びとや、かつては参加したがその後、参加していない個々人に参加の機会を大量に提供した。こうした市民個人の参加が、一連の国会前の諸行動の大きな部分をしめた。そして、それらの人びとは自らプラカードをつくり、参加の衣装にも工夫をこらす、あるいは夜の行動ではプラカードの電飾に知恵を絞るなど、実に豊かで多様に自分の意思を表現した。地域で集まった上で、国会前に集団で参加し、往復の電車をデモの場に変えたり、あるいは集会の前後に一人、あるいは数人で、地域でプラカードを掲げてスタンディング・アピールをしたりするとい

Facebook「主張するネコたちのこと」より

う行動が多様に展開された。

行動の主催者側も多様な市民が行動に参加できるように、さまざまな工夫をこらした。例えば「肖像権保障エリア」の設定である。最近は市民個人がほとんど無差別に集会参加者の写真を写し、ネットにアップしてしまうことがある。人によってはこれが大変困る場合があり、集会ではスタッフが「肖像権保障エリア」を書いた看板を掲げるエリアをつくり、当日のプログラムにも書き込んで、ステージからそのお知らせのアナウンスもした。この「肖像権保障エリア」は極度の人混みには耐えられないという参加者にも使ってもらうように配慮した。

こうした市民たちが国会前の大きな行動では数万にものぼり、参加者全体の半分近くを占めた。

日本社会の市民運動で、これほど大規模に市民が、それも個々に自立した市民が共同の反戦平和の行動を起こした例は過去にはないのではないだろうか。従来から日本の市民運動は欧米の反戦の市民運動に比べて規模が小さく、底も比較的浅いと言われてきた。もちろん、１９５０年代の原水爆禁止運動の走りとなった杉並の女性たちの運動はよく知られているし、60年安保における「声なき声の会」や、70年安保における「ベトナムに平和を！市民連合」の運動、２０１３年以降のイラク反戦を掲げた「ＷＯＲＬＤ ＰＥＡＣＥ ＮＯＷ」などの運動と、歴史の各場面で重要な役割を果たした反戦平和の市民運動はあった。しかし、

沖縄のたたかいと共に

２０１５年安保における市民運動の登場は、これらと比べてもより大規模であった。ＳＥＡＬＤｓに結集した若い世代の運動や、１万数千人を超える賛同を集めた「学者の会」、「安保法制に反対するママの会」などはその端的な例である。

【保育園落ちたの私だ】

その後、ただ１人のママによる２０１６年２月15日の匿名ブログ、「保育園落ちたの私だ」が投じた一石は全国に広まった。

何なんだよ　日本。
一億総活躍社会じゃねーのかよ。
昨日見事に保育園落ちたわ。
どうすんだよ　私　活躍出来ねーじゃねーか。
子供を産んで子育てして社会に出て働いて税金納めてやるって言ってるのに日本は何が不満なんだ？

怒りのあまり、乱暴な言葉使いになっているが、これはネット特有の表現でもあり、ツイッター上では瞬く間にハッシュタグ「＃保育園落ちたの私だ」の声が波及した。この声は国会でも取り上げられ、２月29日、衆院予算委員会で野党の国会議員が安倍首相に質問する事態になったが、

国会前だけでなく、各所で街宣が展開された。（2014.8.17）

首相は「匿名である以上、実際に起こっているのか確認しようがない」などと答え、与党の議員席からは「誰が書いたんだよ」「本人を出せ」などとヤジが飛んだ。

これが火に油を注いだ形になって、3月4、5日には、「#保育園落ちたの　私だ」のプラカードを持った人たちが自然発生的に国会前で抗議デモを展開し、各種メディアの注目を集めた。ネット署名活動「#保育園落ちたの　私と私の仲間だ」には、約2万8000人の賛同が集まった。保育園問題は社会問題となり、14日、安倍首相は参院予算委員会で「子供を産み育てる若い家族を取り巻く環境を、もっと温かく配慮に満ちたものにしなければならない」「待機児童ゼロを必ず実現させていく決意だ」「（保育士不足についても）具体的で実効性のある待遇の改善策を示し、不足している人材も確保していきたい」と答弁せざるを得なくなった。これらの中で、2016年夏におこなわれた東京都知事選挙においては、ほとんどの候補者が保育所の問題を重要政策の一つとして掲げたのである。まさにたった一人のママが政治を動かし、変えたのである。

【戦争させない・9条壊すな！街宣チーム】

「戦争させない・9条壊すな！街宣チーム」のことも書いておきたい。

2014年6月30日と7月1日の官邸前行動でコーラーを勤めた菱山南

情勢に敏感に反応して行動する街宣チーム

帆子らは、その後、閣議決定されたことへの口惜しい思いから街頭宣伝行動づくりを思い立った。８月10日から都内の駅頭で始めて1カ月足らずで８カ所で街宣をした。最初は「許すな！憲法改悪・市民連絡会」の仲間たち、子ども連れの人を含めた５人の女性の参加から始めた。台風直撃の日もあった。ロングラン街宣と称して、５時間やった日もある。桜の咲く春には公園で「お花見街宣」と称する花見会もやる。ＳＮＳでの発信などで、急速に増え、参加者が数10人にもなってきた。チラシを配る人、スピーチをする人、横断幕を持つ人、プラカードを持ち立っている人、直接の宣伝行動は何もできないが、街宣を見守っている人（見守り隊）などなど多様な行動が、参加者の条件に合わせておこなわれた。

次第に街宣隊の活動は多彩になっていった。チームは自分たちの歌を作ることにも挑戦した。そして「私たちに力を」という歌が誕生し、今は毎回の街宣の最後は「オラシャヤーン」と、この歌で締めている。紙芝居もつくられた。内容は戦争法解説のオリジナルだったり、絵本「戦争のつくりかた」からつくったものだったりする。スピーチの合間に、ギターを持ってきて歌を歌う人もいる。ドラムを叩く人もいる。仮装してアピールする人、署名あつめをする人、妨害から参加者を守る防衛隊などなど、実に自由に多様に、それぞれのやり方で戦争法反対を伝えたり、沖縄の基地に反対するアピールをしたりする。最近は「街中芝居」と名付けた憲法改悪に反対する寸劇もやる。参加者は最大時、３００人

沖縄の三線をもって街宣

ほどもいた時もあったが、通常は数10人くらいである。いま、東京ではこうした街頭宣伝がさまざまな所で試みられている。それぞれが、それぞれの流儀で、できることを、少し頑張ってチャレンジする。全国の街角で繰り広げられているプラカードを掲げ、楽器を演奏しながらの「ひとりでもやる」スタンディングは日常化しつつある。これは自立した市民のプロテスト・アクションの一つの表現形態である。街宣チームのメンバーは全国でこうした街宣が不断に、多様に展開されることを夢見ている。

この時期、「タグ」と呼ばれるバッグなどに付ける「札」の普及も素晴らしい行動だった。１９６０年代のベトナム反戦ではゼッケンを着けて通勤電車に乗っている人が有名になったが、これは結構勇気が要る。イラク反戦当時運動は「ＷＯＲＬＤ ＰＥＡＣＥ ＮＯＷ．ＪＰもう戦争はいらない」と書いたハートマークのしゃれたワッペンが大量に出回った。脱原発運動の中では多様な缶バッジなどが目立った。２０１５年安保ではタグが流行った。筆者もバッグにつけているがＮｏ９ ＮＯＷＡＲとシャネルの５番をまねたようなデザインは小ジャレていて静かなブームになっているし、澤地久枝さんが金子兜太さんの筆で「アベ政治を許さない」と書かれたプラカードによる毎月３日のプロテスト・アクションの文字もタグになって全国に広がっている。これらはゼッケンほど勇気は要らないし、街中の行動としてはかなり有効である。ひとりで

野党４党と市民連合の代表の街頭演説（2015.9.18）

もできるデモンストレーションである。

この市民の街宣隊も古くて新しい運動の文化である。

これらの運動の広がりは、まさに２０１５年安保闘争における市民運動の到達した水準を示すものだった。この動きを「市民革命」と呼ぶ人もでてきた。まさにかつて「べ平連」のリーダーだった小田実（故人）が、その著書『ひとりでもやる、ひとりでもやめる――「良心的軍事拒否国家」日本・市民の選択』（筑摩書房、２０００年）で語った市民運動の思想に通底するものであった。

【市民と野党の連携が日常的になった】

２０１５年安保闘争のもう一つの特徴は市民運動と野党との連携、国会内外のたたかいの連携が一貫して追求されたことである。従来からも反戦平和の比較的大規模な集会においては、社民党や共産党の国会議員が来賓として参加し、連帯挨拶をすることはおこなわれてきたし、さまざまな課題での国会請願デモなどの際には両院の議員面会所では市民と国会議員がエールを交換し合う場面はしばしば見られた。

しかし、２０１５年安保においては、これが日常化し、参加する政党も左派の社民党、共産党だけでなく、民主党、生活の党にまで広げられ、維新の党も参加することもあった。

比較的短い集会の時間にいくつもの野党各党の挨拶を入れることへの

集会への参加を呼びかける街宣チーム

参加者からの違和感の表明は少なからずあった。しかし、次第にこれらは日常的な光景になっていった。各政党の市民集会での発言者も次第に一般の国会議員から党の幹部クラスの出席になり、とりわけ従来は立憲フォーラムなど党内リベラル派の出席に限られていた民主党においても、これは急速に変化した。２０１５年夏以降の場面においてはこうした集会にはほとんど顔を出したことがなかった民主党の枝野幸男幹事長（当時）や、岡田克也代表（当時）の参加もしばしばになった。そして、スピーチが終わったステージの上では各政党の代表が手をつなぎその手を挙げて、参加者にエールを送る場面が普通に見られるようになった。

９月19日の強行採決を経て、運動側は次の課題に２０１６年参議院議員選挙を挙げ始めた頃から、「野党は共闘！」というスローガンが集会の中で頻繁に叫ばれるようになった。

細かい雨が断続的に降り注ぐ９月19日未明の国会議事堂裏に結集した市民たちは、インターネットで戦争法の国会審議の様子を逐次、入手していた。採決が終わった瞬間、「戦争法は憲法違反」のシュプレヒコールが叫ばれ、あわせて「戦争法反対、野党は共闘」の声があげられていたことは象徴的なできごとだった。

国会の外に結集した市民の中には民主党を支持する人びとも、共産党を支持する人びとも、その他の野党を支持したり、あるいは無党派の人びともおり、多様な政治傾向があった。それらが、戦争法反対、改憲阻

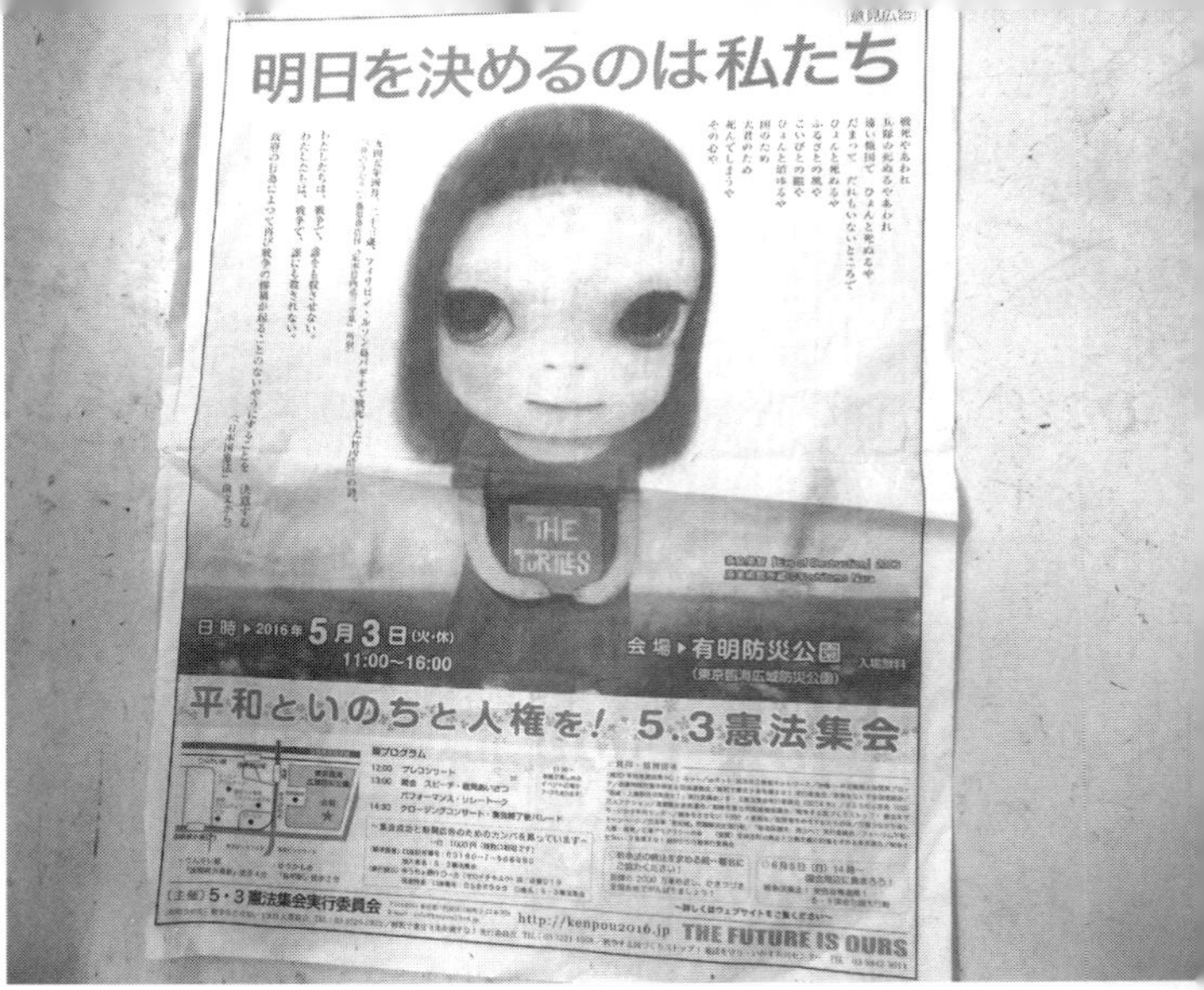

5.3 憲法集会の新聞意見広告（2016.5.3）

止、安倍の暴走を許さないという一致点で、大きく共同していた。この声が国会内の各野党の共同を促し、後押しするのは必然の成りゆきであった。市民の連日の大規模なデモも、国会内の各政党の闘いと結びつくことなしに、法案阻止闘争を展開することはできない。法律が強行されたら、国会で野党に共同で廃止法案を提出させる。しかし国会内の野党も少数派であり、与党とたたかうには世論の支持と、それを体現している国会外のデモと結びつくことなくして困難であった。国会の中と外は不可避的に結びついた。

【ＳＮＳと新聞意見広告による情報発信】

日本社会で市民運動がインターネットによる情報告知に本格的にとり組み始めたのは、２００３年のイラク反戦の市民運動、ＷＯＲＬＤ　ＰＥＡＣＥ　ＮＯＷを嚆矢《こうし》とすると考えられる。インターネットは大組織を持っていない市民運動にとっては大変好都合なツールである。従来、反戦平和運動の参加者は大なり小なり組織のルートを使って組織されてきた。労働組合、民主団体、政党など、それぞれの組織を通じて、縦型の系統で、行動の情報が末端まで伝わり、その情報で人びとは行動に参加してきた。それらは上部からの指示・指令による行動であるから「動員」と呼ばれてきた。しかし、インターネットはこの縦型の組織のルールにとらわれない。情報はそれぞれが個人を単位にして獲得できる。

郵便はがき

恐れいりますが
切手を貼って
お出しください

１０１-００６１

千代田区神田三崎町 2-2-12
エコービル１階

梨 の 木 舎 行

★2016年9月20日より**CAFE**を併設、
新規に開店しました。どうぞお立ちよりください。

お買い上げいただき誠にありがとうございます。裏面にこの本をお読みいただいたご感想などお聞かせいただければ、幸いです。

お買い上げいただいた書籍

梨の木舎

東京都千代田区神田三崎町 2－2－12　エコービル１階
TEL　03-6256-9517　FAX　03-6256-9518
E メール　info@nashinoki-sha.com

(2024.3.1)

通信欄

小社の本を直接お申込いただく場合、このハガキを購入申込書としてお使いください。代金は書籍到着後同封の郵便振替用紙にてお支払いください。送料は200円です。

小社の本の詳しい内容は、ホームページに紹介しております。

是非ご覧下さい。　http://www.nashinoki-sha.com/

【購入申込書】（FAX でも申し込めます） FAX　03-6256-9518

書　　名	定　価	部数

お名前

ご住所　（〒　　　　　　）

電話　（　　）

第九条の会ヒロシマの新聞
意見広告
（2013.8.6）

今回の総がかり行動のパターンはこの両者の組み合わせである。従来の労組や民主団体の縦型の情報に、最近特に発達したＳＮＳ（ソーシャル・ネットワーキング・サービス）の利用による情報の伝達がすすんだ。従来の縦型の組織もまた多かれ少なかれ、ウェブサイトを開設したり、メーリングリストを駆使したりすることになってきた。

いまや、市民の間ではＳＮＳによる個人間のコミュニケーションが大規模に展開されている。しかしながら、ＳＮＳの普及は大きな割合を占めているとはいえ、年配者を中心にＳＮＳの情報を共有できない人びと（ＳＮＳ過疎）もすくなからず存在する。

総がかり行動実行委員会はこれらのＳＮＳから隔絶された人びとも含めて情報の大規模な伝達を計ろうと、大メディアへの「意見広告」掲載に取り組んだ（ネットメディアへの広告なども検討したが、価格や使い勝手の理由で、今のところは断念している）。２０１５年5月3日の憲法集会の新聞広告も含めると、この1年半で行動の告知などの意見広告は7～8回程度掲載した。最初は朝日新聞、東京新聞の2紙でおこなったが、途中からは毎日新聞も加えた。資金上の理由で、首都圏版のみに限った場合もある。新聞のスポット広告や、週刊金曜日などの広告にも取り組んだ。掲載資金は約1億円を越えている。この資金はすべて読者・支持者のカンパによるものであった。意見広告に郵便振替口座の番号も掲示するのだが、朝日新聞は同紙の広告掲載規定から口座番号を記

1578万3799筆の戦争法反対署名を国会に提出（2015.10.5）

載できず、総がかりのホームページを掲載し、読者にはそこから入って、口座にたどり着いてもらうしかなかったのは大きなマイナスだった。一部週刊誌がこの新聞意見広告の資金源などについて悪意をもって取材したが、結局、費用は全額、市民のカンパによることしか書けなかった。連絡先として広告に記載された事務所に毎日のように届く郵便振替用紙の束は、全国から寄せられたもので、日常の市民運動では考えられないほどの量であった。参加できないのでカンパする、みなさんと同じ気持ちだ、と書き添えてあるものも少なくなかった。

　新聞の意見広告が掲載された日から、呼びかけ3団体の事務所の電話は1週間ほど鳴りっぱなしになるほどである。それらの多くは「国会正門はどうやっていくのか、電車は何線の何駅か」「新幹線で東京駅から行くが、どうやって行ったらよいか」などが多いのであるが、なかには「デモの参加資格はあるか」とか、「プラカードは用意してあるのか」「近くにコンビニはあるか」「トイレはどうするのか」などというのも少なくなかった。

　これらの問い合わせはデモの初心者であることを示していた。新聞意見広告の効果は大きく、大量の初デモの人びとの参加を促した。経費が1億円と聞くと、大変な金額だが、新聞広告はそれに勝る効果があったのではないか。

　ＳＮＳと新聞広告は「２０１５年安保」の個人の参加を大規模にした

署名板をもって市民に語りかけるスタッフ

不可欠のツールであった。

【2000万人署名運動——1600万筆達成】

戦争法の強行後、総がかり実行委員会には運動の新たな展開が求められた。2015年11月15日を期して、呼びかけられた「2000万人署名運動」は戦争法の廃止をめざす全国的な統一した運動を継続するための重要な手段であった。

総がかり行動実行委員会が全国に発した呼びかけは以下の通りである。

憲法違反の戦争法（安全保障関連法）が、安倍自公政権のもと、大多数の世論を踏みにじり、国会内の多数の横暴で「成立」させられました。戦争法は、政府のこれまでの憲法解釈を180度転換した閣議決定（2014年7月1日）にもとづくもので、平和主義、立憲主義、民主主義を破壊するものであり、絶対に許せません。「戦争法は廃止せよ」の声は国内外に満ちています。戦争法を廃止するために、総がかり行動実行委員会は一緒に活動してきた諸団体とともに、「戦争法の廃止を求める統一署名」を2000万人以上集めることを呼びかけます。この2000万署名運動は、みなさんお一人おひとりのご協力がなければ成功しません。それぞれの知人・友人、地域、職場、学

国会議員会館で違憲訴訟報告集会
（2016.9.8）

園などでの積極的な署名呼びかけをよろしくお願いします。

署名の目標は２０００万人以上です。署名にただちに取り組みましょう。全国の地域・街頭、職場、学園などいたるところ、草の根で、対話を重ね、署名を集める団体、個人をひろげ、「取り扱い団体」をどんどん増やし、力を合わせ、対話を重ね、２０００万人以上の署名を実現しましょう。なお、請願には年齢制限はなく、定住外国人も請願できますし、非定住もネット署名は可能です。積極的に声をかけていきましょう。集約日は、２０１６年４月25日とします。５月３日憲法集会での発表をめざし、それまでの半年間に２０００万人以上の署名を集めましょう。（以下略）

この呼びかけにもとづいて、署名運動は全国の地域・草の根、職場・学園で展開された。１人で街頭に立つ人、１人で地域の戸別訪問をする人から数10人単位で街頭宣伝に立つ人びとまで、そして葉書型の署名用紙をつくったり、署名用紙のウラにカラーのチラシを印刷して配布したり、形態は実に多様で、創造的に取り組まれた。

この戦争法廃止の署名運動は戦後の署名運動の中でも、特筆すべき規模で、大規模に諸運動が統一して取り組まれたものである。これほど大規模な署名運動は１９５０年代の原水爆禁止の署名や、１９８０年代の国鉄の分割・民営化に反対する署名など、数少ない。その結果、６月末

リ・ヨンヒ賞受賞式・於ソウルのハンギョレ新聞社（2015.12.3）

の第１次集約時には１３５０万筆、10月５日の第２次集約時には総計で１５７８万３７９９筆となり、国会に提出された。署名運動は６月末で打ち切ったが、まだ取り組んでいる人びともおり、また総理府に提出するインターネット署名もあることから、総計で１６００万筆にせまる署名数になるのは疑いない。

２０００万人署名運動は戦争法の強行採決後の「戦争法廃止」の運動の継続と全国展開の柱となった。この力が、参院選の野党共闘を推進するうえで大きな力になったことは間違いないことで、２０００万人署名運動は画期的な成果を上げた。

【安保法制違憲訴訟】

国会前をはじめとする全国各地での市民の行動や、２０００万人署名運動の展開と合わせて、「立憲主義をしっかりと守り、憲法をまもりぬくという強い思いから、安保法制による自衛隊の出動などに対する『差止訴訟』と平和的生存権と人格権侵害などに対して『国家賠償請求訴訟』を提起しようと、『安保法制違憲訴訟の会』が立ち上げ」（同会の呼びかけ文）られ、多くの市民や弁護士たちが原告や協力者として取り組まれ、すでに東京地裁など、各地で公判が始まっている。

東京地裁では２０１６年９月２日、東京第１次国家賠償請求訴訟（第２回は12月２日）が、９月29日には安保法制差止請求訴訟の第１回口頭弁論（第2回は12月21日）が始まった。福島、埼玉、岡山、高知、長崎等の各地で、「安保法制違憲訴訟・女の会」の手続きも進んでいる。これらの運動は国会外の市民運動、国会内の闘いと並んで、司法の場においても戦争法の違憲性を問うものであり、画期的なとり組みとなっている。

【国際連帯の証としての李泳禧《リヨンヒ》賞】

2015年安保は日本の支配層が米国と共同で、そのアジア・世界戦略に呼応して、「海外でもたたかうことのできる普通の国」をめざすための戦争法制に反対するたたかいであり、その意味で必然的に国際的な課題であった。運動の各場面の取材には多くの外国のメディア、例えば韓国、中国、台湾、香港、中東、欧米諸国などからの記者たちが参加してきた。しかし、運動の主体の中でこのことがどれだけ自覚されていたか、極めて心許ないものがあることは否定できない。このことは「総がかり行動実行委員会」の今後の重要な課題である。にもかかわらず、「2015年安保」は客観的には国際的な意義を持っていた。

このことに直接、注目したのは韓国の民衆運動であった。

2015年11月はじめ、筆者に韓国の「李泳禧財団」から連絡があり、12月3日、韓国・ソウルのハンギョレ新聞社青巌ホールで「第3回李泳禧賞」（主催・李泳禧財団）授賞式に招かれることになったという。

国会前スピーチより　**水島朝穂①（学者の会の呼びかけ人・2015.7.31）**

今日はじめてきまして感動しました。何に感動したかというと、ずーっと砂防会館からデモをやってきたとき、今の彼が「民主主義ってなんだ？」といった、そのあと「これだ！」っていったの。それをみた瞬間わたしは、24年前を思い出しました。東中野に住んで、（ベルリンの）壁が崩れるときの1年半後に行きました、あのとき壁を崩した市民勢力が最初、89年の9月14日にライプツィヒで権利をもとめてデモをやったんです。みんな怖くて来なかった。でも、1000人が集まった。

「就職に響くぞ、大学退学だぞ」。いろいろ秘密警察が脅したんですよ。「じゃあ、月曜日にもう1回集まろう」「行っちゃだめだよ。あなたたち会社首になるわ」

でもみんな行った。そしたら5000人になっていた。そして10月2日、

故・李泳禧氏は、行動する言論人として、韓国の軍事独裁政権を批判するなどし、5回の投獄、記者、教授職を計4度解職されながらもたたかい続けた韓国の「民衆運動の父」と呼ばれる人物である。同賞は「真実を明らかにし、時代の偶像を打破することに生涯を捧げた」李泳禧氏の精神を継承・実践することを目的として創設され、その第3回目に当たる2015年は、日本人の高田健とキム・ヒョスン（『ハンギョレ新聞』元論説委員）の二人が共同受賞した。高田については「2015年安保闘争」をはじめ、20年以上にわたる「護憲運動」への貢献を評価したものであると言われた。

高田と同時に受賞したキム・ヒョスンは、著書『祖国が捨てた人々—在日同胞留学生スパイ事件の記録』（日本未出版）で、軍事政権時代に引き起こされた日韓をまたぐ冤罪事件の真実を暴いたジャーナリストである。

授賞式で高田は「自分がこの賞をいただいていいのか？」と戸惑いながらも、受賞は韓国市民社会との〝連帯の証〟と、知人から背中を押されて韓国に来たと述べ、事務局の一員を務める「九条の会」がノーベル平和賞候補に挙がりながらも受賞に至らなかったことに触れ、「韓国の民衆運動の父と呼ばれた李泳禧さんの名称を冠した賞をいただくことは、ノーベル平和賞をもらうよりも、本当にうれしい」と述べたときには、会場からは、大きな拍手とあわせて、笑いがこぼれた。

国会前スピーチより　水島朝穂②（学者の会の呼びかけ人・2015.7.31）

2万人になった。10月9日7万人になった。

それをみていたベルリンの人たちが「俺たちもやろうじゃないか」といったんです。

89年の11月4日の土曜日にアレキサンダー広場といって、私が住んでいた目の前にある。呼びかけたのは、俳優とアーティストと作家です。おもしろそうだってみんな思った。もう一つあるんです。警察にちゃんと許可をもらった。東ドイツはデモしちゃいけないんですよ。芸術家の集会だから警察が簡単にハンコを押しちゃった。

さあ集まった。100万人が集まった。そして政治指導者、弾圧された人々が立ち上がって、

「ビア　ズィント　ダス　フォルクス！　We are the people!」っていった

「ハンギョレ新聞」は以下のように書いた。自分のことを引用するのはかなり気恥ずかしいことではあるが、以下、要約して紹介したい。

第3回リ・ヨンヒ賞受賞者に決まった高田事務局長《ママ》は、長い間目立たないところで日本の憲法運動を率いてきた市民運動家だ。そのため、ある人は「（高田は）知識人でもなく、ジャーナリストでもない。しかし、安倍政権が進めようとする『憲法9条』改憲を徹底的に批判し、これを阻止するための運動を組織して支えてきた、なくてはならない人物」と紹介した。

高田は、自分が本格的に日本の平和憲法運動に飛び込んだきっかけが、「（1982年11月に就任した）中曽根康弘元首相の登場だった」と語った。「（岸信介元首相が主導した日米安保協定の改正に反対して全国的に広がった）1960年安保闘争当時、私は高校1年生でした。その後もいくつかの反戦運動に参加したが、本格的に憲法9条を守る護憲運動を始めたのは（改憲を自分の主な政治目標として掲げた）中曽根首相が登場してからです」

ただし、彼が進めた運動方式は、従来の憲法運動と方向が異なっていた。社会党（現社民党）や共産党などの特定の政党と関わりを持たず、市民の自発性に基づいた「草の根の運動」を目指したからだ。彼が「地域のいくつかの小さな草の根の憲法運動団体をまとめて連結し

国会前スピーチより　水島朝穂③（学者の会の呼びかけ人・2015.7.31）

んです。

「俺たちが人民だ。この東ドイツの体制は反民主主義、ドイツ民主主義共和国はうそっぱちじゃないか。俺たちは壁のむこうに行けないじゃないか。行かしてくれ」

それを叫んだんですよ。そして11月4日の大デモンストレーションのあと、5日後にベルリンの壁が崩れたんです。


て作り上げた運動は、1993年の「STOP！改憲・市民ネットワーク」を経て、1999年に市民連絡会へとつながり、今日に至っている。

高田にとっても、今回の安保闘争は少なからぬ意味があった。これまで分裂したまま運動を続けてきた社民党、共産党、無党派市民運動が、数十年ぶりに「戦争させない・9条壊すな！総がかり行動実行委員会」という単一の隊伍を成して、安倍政権と対決したからだ。高田は昨年12月に総がかり行動が結成されて以来、持続的な運動の展開に重要な役割を担ってきた。

「これまでは集会に参加したくても、どの団体が主催する集会に行くべきなのかが分からず、参加しなかった人たちもかなりいました。しかし、今回は皆一緒に運動を行うことになって、誰もが『私たちにもできる』という希望が持てるようになりました。このような流れの中で、SEALDsのような学生の集まりや母親たちの集まり、学者たちの集まりが結成される雰囲気が整ったと思います」

しかし、日本の市民運動は、昨年9月に行われた安倍政権の法案強行通過を防げなかった。高田は「（連立与党である）自民党と公明党内部に（法案に反対する）分裂を引き起こせなかったこと」を最大の失敗の原因に挙げた。実際、産経新聞の世論調査によると、日本人の中で「デモに参加したい」という意向を示した人は約20％（約

辺野古新基地建設に反対する銀座デモ

2000万人）だが、実際の集会に出た人は約300万人だったという。「この1700万人が参加したなら、与党内に反乱が起き、世論も大きく変わったでしょう。今後、彼らが運動に参加できるようにするのが最も重要な課題です」

このため、総がかり行動は「2000万人『戦争法の廃止を求める統一署名』」運動を始めた。今月8日には朝日新聞や毎日新聞などに、これと関連した全面広告を掲載した。1700万人が気軽に運動に参加できるように、広告の片隅に署名用紙も作った。法案に反対する市民は、これを切り取って署名し、郵便で送る方式などで意思を表すことができる。

「与党は2013年参院選当時、2500万票程度を獲得しました。私たちが来年の夏の参議院選挙前に2000万人の署名を集め、野党が（選挙単一化などを成し遂げて）共に戦えるようになれば、与党を破ることも十分に可能です。そのようにして安倍内閣を総辞職に導くのが私たちの目標です」。彼は続いて「日本の戦争法や憲法改悪に対する反対運動は、アジアの民衆の連帯がなければ成立しない」とし「アジアの民衆が連帯して、この問題に共に対処してほしい」と述べた。

授賞式の当時、韓国の民衆運動は極めて厳しい状況に置かれていた。

朴政権による弾圧も厳しく、一種の冬の時代といってもよいだろう。しかし、その後、韓国の民衆運動は困難を乗り越え、総選挙での民主派の勝利を経て、2016年の最大230万人のキャンドル・デモなど朴大統領の弾劾訴追を国会で可決させ、職務停止に追いこむなど、力強く前進している。いま、あらためて筆者に対する李泳禧賞の授与は、韓国民衆の日本の反戦平和運動への激励であり、日本の運動が国際連帯の運動の分野で、もっと努力するよう示唆を与えるものであったと思う。

4章 同円多心の共同をつくる
——それぞれの個人・団体は自立したセンター

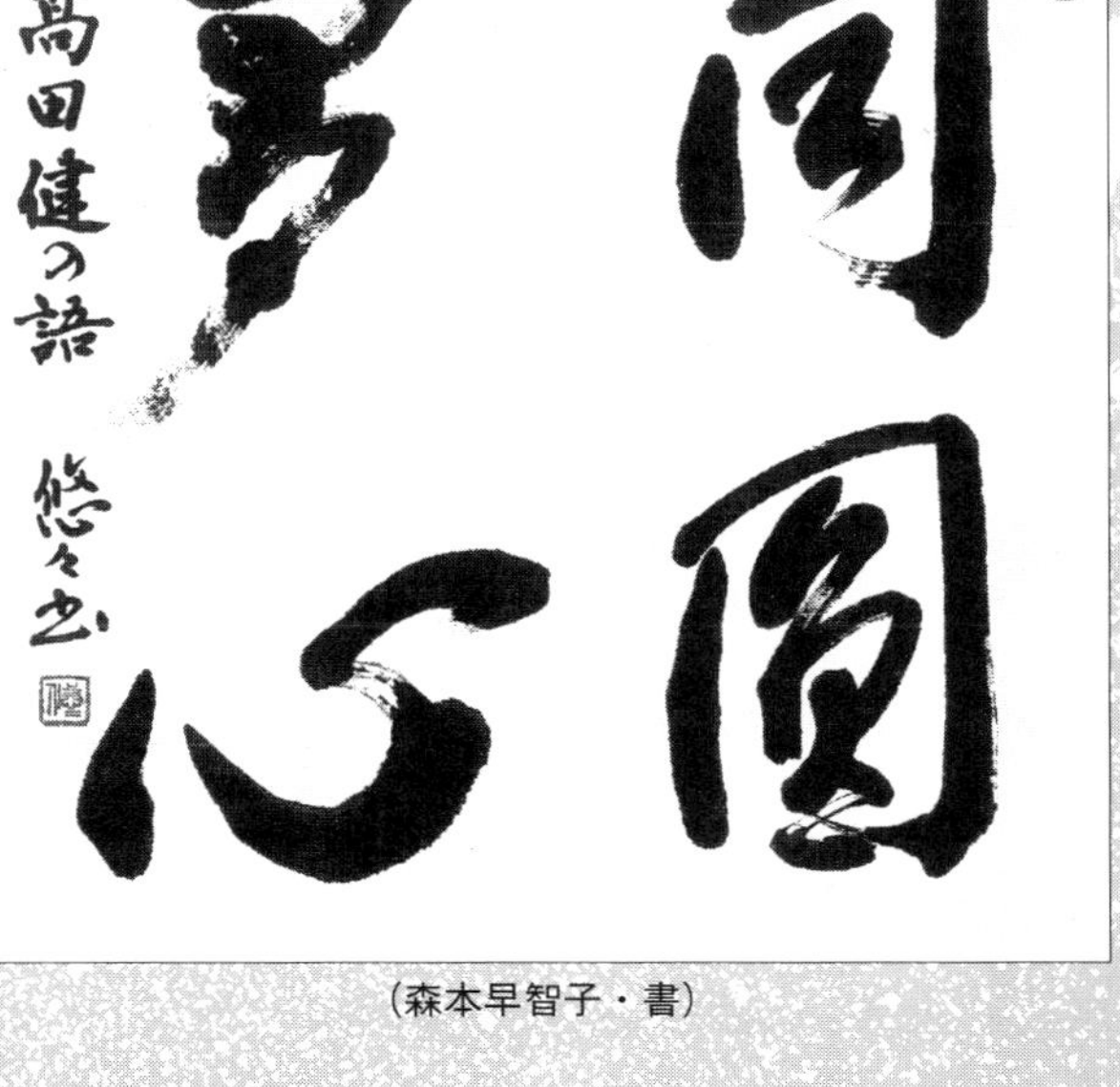

(森本早智子・書)

【同円多心の共同行動としての総がかり行動実行委員会】

すでに書きつづってきたことであるが、呼びかけ3団体を軸にした総がかり行動実行委員会がつくり出した運動の共同と連帯は、戦後の統一行動・統一戦線運動の歴史の中でも特記されてよい。

日本の運動に避けがたくまとわりついてきたいわゆる「代々木系」と「非代々木系」とよばれた分岐と対立だが、安倍内閣の改憲と戦争の道への暴走をまえにした運動体内部での危機感が、これらの壁を乗り越えさせ、共同し、連帯したのである。運動に携わる誰しもが運動の統一を願い、団結を願うものである。だからこそ「統一と団結」は従来の運動のなかで繰り返し叫ばれてきた。しかし、それとは裏腹に、時として「統一と団結」の叫びは、相手側への批判・非難の応酬となり、それぞれの意に反して分裂と対立を生み出す役割を果たした場合が少なくない。

こうした問題について、左翼的な運動圏では、「統一戦線と指導権（ヘゲモニー）の問題」として語られてきた。共同した運動が成立しても、それはどの勢力が指導権をとった運動になるか、という問題が重要な評価の基準になるのである。前記の「代々木系」「非代々木系」の勢力の間には、あからさまに言うかどうかは別として、このヘゲモニー争

国会前スピーチより　**香山リカ（精神科医　2015.8.28）**

この度、安倍首相は戦後70年の談話ということで、もう自分たちの子どもや孫の世代に、謝罪する宿命を背負わせることはできないと言いました。

この談話がある一部の人達には、未来志向だと言われて、非常に受けが良かったようですが、そうでしょうか？

私たちが謝罪をしなくてもよいということは、つまり、過去をもう忘れてもいい、過去を見なくてもいいということです。

これは、決して未来志向ではない。私たちは過去に何をやってしまったのか、あるいは、そのことをまた繰り返してしまう危険性はないのかということを、きちんと目を向けて、それを反省すべき点は反省し、どうすれば再びそういう道に踏み出さないのかを考え続けないと、本当の意味で、私たちがこういう戦いや虐殺を自分たちから避けることはできないんだと思います。

いがあり、それは運動のスローガンや行動の内容（戦術）などでしばしば対立が生じてきた。その悪弊の最たるものは１９５０年代における日本共産党の分裂をめぐって生じた問題であるし、60年代末から70年代にかけての内ゲバといわれた暴力的抗争であった。

筆者は90年代はじめ頃から、この解決は「ピラミッド」型や「同心円」型の共同ではなく、「同円多心」の共同を作り上げることだと考えるようになった。共通の目標という大きな円の中に自立した「心」が多数（複数）存在するような、それぞれの団体・個人が自立したセンターであるような共同をつくることだと考えたのである。

そして、運動の「指導権は結果である」とも考えてきた。「指導権」というものがあるとしたら、それは争って勝ちとるべきものではなく、互いにリスペクト（尊重）しあう関係の運動の中で、運動の利益のために最も献身的に働き、最も先を見通す力（理論）を持った勢力が、結果として人びとの信頼を獲得し、人びとによって「指導権」が与えられるのだという考え方である。

総がかり行動実行委員会は、この「同円多心」の実践でもあったといってよい。呼びかけ3団体は従来からの歴史的経過を尊重し、指導権を争わなかった。些末な問題に見えることではあるが、集会の司会やコールの担当、会議の議長なども含めて3者が輪番で受けもつようにした。代表制も最初の1年は置かず、のちには3団体から1人ずつの共同代表制にした。相互のリスペクトと共同を大事にする運営に細心の注意を払ってきた。こうした過程で相互の信頼関係が形成され、積み上げられてきた。

【共産党の路線転換】

政権与党の自民党と公明党が連立しているのに対して、野党各党の関係は分裂と対立の歴史をたどってきた。とりわけ、民主党と共産党の共同は国会内の法案審議においてはその都度おこなわれたとしても、運動や選挙の現場ではほとんど困難であった。地方自治体の首長選挙などでは例外的に候補者とブリッジの形で政策協定が結ばれることがあっても、国政選挙の場合はほとんど困難であった。

唯一の例外は議員を1人選ぶ沖縄の参院選だった。沖縄では反基地の大衆運動が高まるなかで、参院選の候補者は与党に対抗して野党が共同して候補を推すことが恒常的になっていた（後には衆院選で、選挙区ごとに共同候補を立てて闘った）。沖縄で野党各党の支持で当選した国会議員は少なくないが、例えば糸数慶子参議院議員は、2013年7月、無所属の立場で、全野党の共闘（沖縄社会大衆党・日本共産党・民主党・社会民主党・新党みどりの風からの推薦と、自由連合からの支持）で出馬し、自民党公認、公明党推薦の対立候補を破り、当選した。しかし、当時は沖縄以外の全国の国政選挙の選挙区で1人区であっても、野

国会前スピーチより　**奥田愛基（SEALDs 2015.8.30）**

最近よく安保法制が決まったらあなななたちどうするんですか、って言われるんですけれど、これが通るまでも、……つぎの選挙も、ずっとずっと問われているのは俺たち主権者です。ずっとずっと考えていかなきゃいけないものだと思います。だから何回でもいいましょう。こんなところで終わりではないです。今日60年ぶりぐらいかわからないんですけど、国会周辺で、国会前の道路を埋め尽くす人びとが声を出しています。それは人びとの怒りでもあるし、叫びでもあるし、主権者は俺たちであって、最高責任者は俺たちであって、おまえじゃないっていう叫びです。

党が共同して候補を立てることは不可能だった。

例えば日本共産党は従来から沖縄の共同を「例外」と見なし、他の都道府県での野党共闘については、以下のように述べてきた。

「国会内外の運動の面での共同の場合には、その運動が掲げる課題についての合意があり、その合意点を共同で推進する誠意が双方にあることが、共同の実現にとってなによりも重要な条件となりますが、国政選挙での共同は、それだけで可能になるものではありません。国政選挙で自党に属さない候補者を推すということは、その党が、共同の候補者について、国政の全般について自分たちおよび自党の支持者を代表する権限を委任することを意味します。だから、わが党は、国政選挙の共闘の場合、国政の全般についての政策協定を結ぶことを、不可欠の条件の一つとして主張し、この立場を一貫してつらぬいているのです。そして、私たちは、現在の日本の政党状況を見た場合、日本共産党との間で、このような政策協定を結び、それを基礎に国政選挙での共同を実現する条件――政策的一致と共闘の意思をもった政党は存在しない、という判断をしています。この判断は、選挙共闘にたいする立場とともに、私たちが、党の大会その他で確認し、公表しているところです」（２００６年年5月20日・しんぶん赤旗）

共産党がこうした立場を「原則」とする限り、沖縄は「例外」であり、この現在、「国政選挙での共同の意志をもった政党は存在しない」という「判断」以外にはありえなかった。筆者は従来から「沖縄の選挙協力を『例外』にするな、沖縄は全国の『先駆』である」というのが持論ではあったが、それは現実の政党間の争いの中では容易に通用するものではなかった。

しかし、2015年安保の闘いの中で、共産党のこの国政選挙における立場も大きく変化した。戦争法の採決が強行された2015年9月19日午後に、満を持すかのように開かれた共産党第4回中央委員会総会は、「『戦争法（安保法制）廃止の国民連合政府』の実現をよびかけます」との提案を採択した。

提案は、安倍内閣による憲法違反の戦争法の強行に反対して戦後かつてない新しい国民運動が広がっていること、それを背景に野党の共闘も発展したことの意義を強調し、第1に、戦争法廃止、安倍内閣打倒のたたかいをさらに発展させること、第2に、戦争法廃止で一致する政党・団体・個人が共同して国民連合政府をつくろうとよびかけ、第3に、この国民連合政府樹立で一致する野党が、国政選挙で選挙協力をおこなおうとよびかけたのである。

これは従来の「国政選挙での共同」という前提につながる「国民連合政府で一致する野党」という条件付ではあったが、国政選挙での政党間

国会前スピーチより　**SEALDs コール**

どうでもいいなら総理をやめろ！
勝手に決めるな！
戦争反対！戦争反対！
民主主義ってなんだ！　これだ！
安倍政権はやめろ！
戦争法案いますぐ廃案！
強行採決絶対反対！
戦争する国絶対反対！

協力を呼びかけた画期的な提案であった。その後、共産党はこの「国民連合政府構想」も事実上、脇に置いて、より大胆な選挙協力の立場をとる方向へと突き進むことになった。

この共産党の方針の大転換は「安倍内閣による憲法違反の戦争法の強行に反対して戦後かつてない新しい国民運動が広がっていること、それを背景に野党の共闘も発展したこと」という認識を前提にしている。要するに国会外の市民運動の高揚が、共産党の方針転換を後押ししたのである。日本共産党は伝統ある「科学的社会主義」の政党として、綱領とその下での政策の実現を柱に据えて活動する誇り高い政党である。その政党がこうした重大な政策転換に踏み切ったことはなみなみならぬことであり、敬意と賞賛に値する画期的なものである。

【共産党による誠実な共同の具体化】

この共産党の路線の大転換が実現するには、幾多の困難があった。それを乗り越え「野党4党＋市民連合」の共闘を参院選の32の1人区で現実のものとし、闘うことができた重要な要因は日本共産党の誠実な努力にあったことは、運動に関わった大多数の人びとが認めることである。これらのほとんどの選挙区で共産党は独自の候補者を取り下げるという画期的な方針に踏み切った。

最大野党の民主党はしばしば「当選の見込みがない共産党の候補者は

降りて当然」という尊大な態度をとった。各地では「共産党と手を組めば、保守系からの支持を失う」などという理由で話し合いのテーブルにすらつかないという局面もしばしば起きた。候補者を1本化する場合には両党の候補の政策協定は当然のことであるが、民主党側はこれすら締結したくないという選挙区も少なくなかった。この姿勢が独自の候補者を準備してきた共産党にとって容認しがたいものに映った事は想像に難くない。

共産党の側も、当初は「国民連合政府」を政策協定にいれることを主張するなどしたが、これは民主党が呑める条件ではない。各地の市民団体のねばり強い1本化の要求に応えて、共産党はこの点でも大胆に譲歩した。結局、全国32の1人区のうち、共産党は香川県の選挙区のみが統一候補になっただけだった。しかし、現実の選挙戦においては、共産党とその支持者たちは民主党の統一候補を自らの候補として、全力で闘った。こうした誠実な姿勢は賞賛に値するものであるし、党中央のこうした判断を支持し、行動した全国の共産党員も賞賛に値する。参院選で共産党の全国比例区での票の伸びが、思ったより少なかったことは、この新方針と無関係ではない。しかし、こうした犠牲をはらって共産党は多くの市民運動からの信頼を獲得した。

来る衆院選は比例区のほか、295の小選挙区でたたかわれる。さきの参院選1人区で大きく前進した「立憲野党4党+市民連合」という構図を各地で実現し、たたかえるかどうかにかかっている。各政党の利害対立もあり、その実現は容易ではないが、何としてもやりぬかなくてはならない。

5章

市民連合の誕生

——選挙と市民運動・市民が選挙を変える。政治を変える。

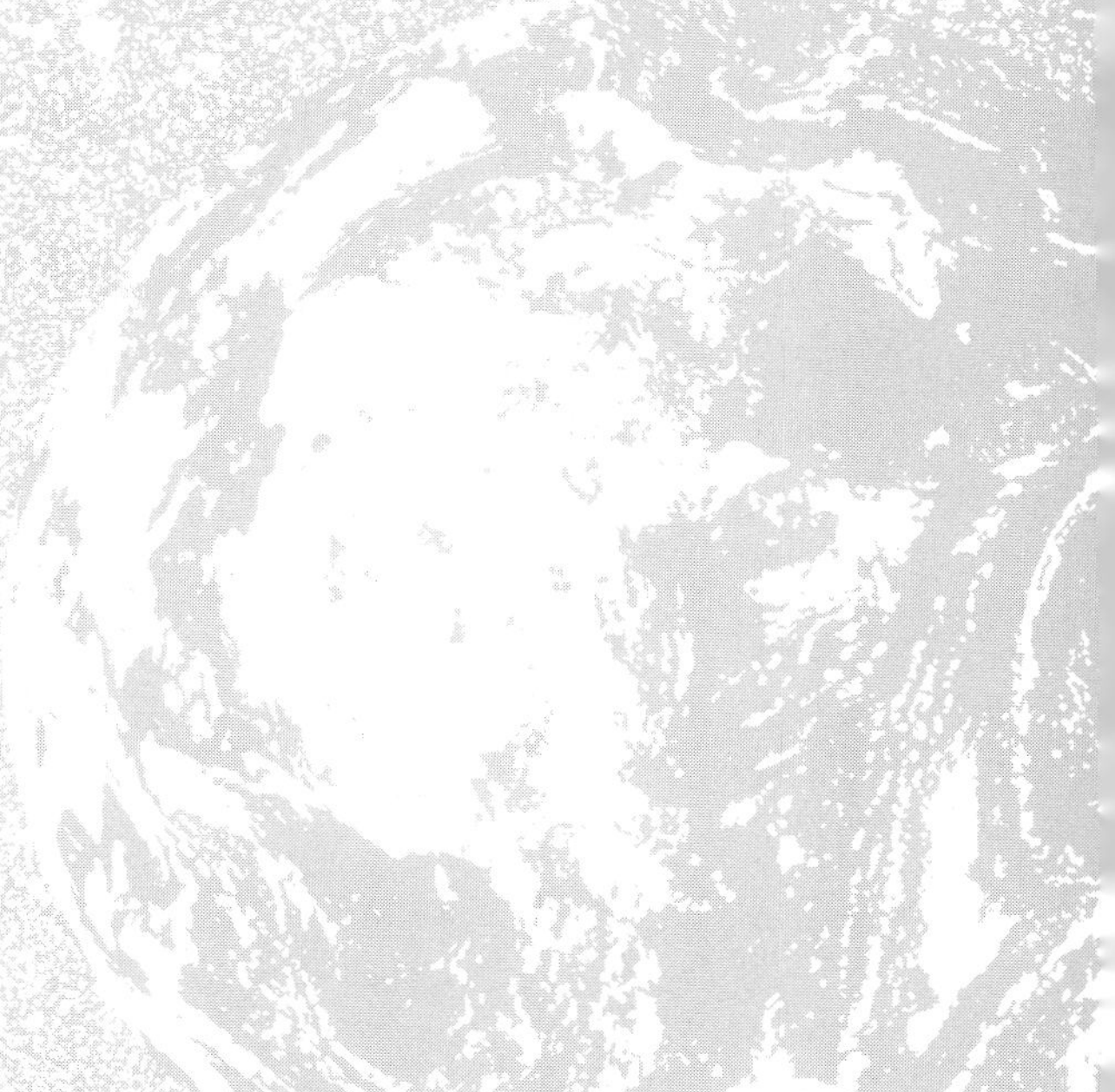

【市民連合の成立】

戦争法の強行採決のあと、運動圏の課題は戦争法の廃止（国会への野党が共同した廃止法案の提出）と2016年夏に迫っていた参議院選挙で安倍政権とたたかい、勝利することであった。だからこそ、9月19日未明の強行採決時に国会を包囲していた人びとからは「戦争法反対」のコールと合わせて、「野党は共闘」のコールが繰り返し、繰り返し、叫ばれたのである。

これらの運動圏からの「野党は共闘」の声を反映して、2015年10月16日、民主党の枝野幹事長の呼びかけで、戦争法に反対する5つの市民団体と野党5党の代表による会議が開かれ、来年（2016年）夏の参院選で与党を過半数割れにして、安保法を廃止に持ち込むため、野党共闘や各種団体との連携強化を目指し、定期的に協議していくことを確認した。参加団体は、野党側が民主党、共産党、維新の会、社民党、生活の党であり、市民団体側は「安全保障関連法に反対する学者の会」、「安保関連法に反対するママの会」、「SEALDs」、「戦争させない・9条壊すな！総がかり行動実行委員会」、「立憲デモクラシーの会」の5団体だった。

国会前スピーチより　**坂本龍一（音楽家　2015.8.30）**

ここに来る前に、かなり絶望していたんですが、日本にはまだ希望がある、ここまで政治状況が崖っぷちになってはじめて、わたしたち日本人のなかに、憲法の精神、９条の精神がここまで根付いているということをはっきり皆さんが示してくれて、ありがとうございます。

日本国憲法、不備もありますけれど、いま憲法が壊されようとしている、ここにきて、憲法を取り戻す、９条を取り戻す、憲法を自分たちの血肉化する、とても大事な時期だと思います。

憲法は、世界の歴史をみると何世紀もまえから、人びとが自分たちの命をかけて闘い取ってきたものです。もしかしたら日本の歴史の中では、明治憲法然り、日本国憲法然り、自分たちの命をかけて日本人が闘い取ってきたものではなかったかもしれないけれど、いままさにそれをやろうとしているのではないか。

その後、この各界の懇談会は継続して数回開かれるが、会議では野党共同という総論は賛成なのだが、なかなか目前に迫ってきていた参院選での野党共同候補の具体化の話にはすすまなかった。市民の側は各野党が選挙協力の具体化のための話し合いを促進すべきだという意見をぶつけたが、政党側、特に民主党からは「政党同士の調整ということにはすぐに踏み込みにくい。市民の方から無所属の統一候補を出すというような動きがあれば歓迎したい」というような話があった。そこで、市民の側は野党共同を推進する新しい市民のプラットホームをつくり、いっそう強く野党側に働きかけることとし、12月20日、会合に参加していた５団体で、「安保法制の廃止と立憲主義の回復を求める市民連合」（略称・市民連合）を結成し、独自の集会や街頭宣伝などにとり組みながら、野党各党に対する働きかけを強化することになり、以下の文書を取り決めた。各団体の署名が「有志」としたのは、それぞれのところで、広範に合意手続きをとることにすれば、時間がかかり、参院選に向けた一刻をあらそう事態に対応できないと判断したからである。「市民連合」は後に「政治団体届け」もおこなった。

こうして「市民連合」という直接に選挙闘争を課題とした政治団体が発足したことは、１９８９年に労働組合連合が「連合の会」という政治団体をつくって参議院選挙に臨んだことを除けば、戦後の政治史上でもかつてないことである。

■安保法制の廃止と立憲主義の回復を求める市民連合

1．趣意

去る9月、安倍晋三政権は、集団的自衛権の行使を可能にするため憲法違反の安全保障法制を数の力で成立させた。これは、戦後日本の国民的合意である平和国家、専守防衛の国是を捨て去ろうとする暴挙である。

他方、安保法制に反対する様々な市民が自発的な運動を繰り広げ、世論に大きな影響を与えたことは、日本の民主政治の歴史上画期的な出来事であった。とはいえ、権力者による憲法の蹂躙を食い止めるためには、選挙によって傲慢な権力者を少数派に転落させる以外にはない。安保法制反対の運動に加わった人々から野党共闘を求める声が上がっているのも当然である。

しかし、安保法成立以後3カ月が経過したにもかかわらず、野党共闘の動きは結実していない。来年の参議院選挙で与党がやすやすと多数を維持するなら、多数派による立憲政治の破壊は一層加速し、憲法改正も日程に上るであろう。

日本の立憲主義と民主主義を守りたいと切望する市民にとって、もはや状況は座視できない。政党間の協議を見守るだけでは、自民党による一強状態を打破することはできない。今何より必要なことは、非

自分のやり方でアピールする

自民の中身を具体的に定義し、野党共闘の理念と政策の軸を打ち立てる作業である。安保法制に反対した諸団体および市民が集まり、ここに安保法制廃止と立憲主義の回復を求める市民連合を設立する。

2．要綱

安保法制の廃止と立憲主義の回復を求める市民連合（略称：市民連合）

【理念】

立憲主義、民主主義、平和主義の擁護と再生は、誰もが自由で尊厳あるくらしをおくるための前提となるものである。私たち市民連合は、安全保障関連法を廃止、立憲主義を回復し、自由な個人が相互の尊重のうえに持続可能な政治経済社会を構築する政治と政策の実現を志向する。

【方針】

1．市民連合は、2000万人署名を共通の基礎とし、

①安全保障関連法の廃止

②立憲主義の回復（集団的自衛権行使容認の閣議決定の撤回を含む）

③個人の尊厳を擁護する政治の実現

に向けた野党共闘を要求し、これらの課題についての公約を基準に、参議院選における候補者の推薦と支援をおこなう。

2．市民連合は、参議院選挙における1人区（32選挙区）すべてにおいて、野党が協議・調整によって候補者を1人に絞りこむことを要請する。候補者に関する協議・調整は、選挙区ごとの事情を勘案し、野党とともに必要に応じて市民団体が関与し、その調整によって「無所属」の候補者が擁立される場合も考えられる（無所属候補者は、当選後の議員活動について、市民連合や関与した市民団体との間に一定の協定を締結するものとする）。さらに、複数区の選挙区においても、先の三つの公約を確約した候補者については推薦し支援する。

3．市民連合は、個人の尊厳を擁護する政治の実現を目指し、

①格差・貧困の拡大や雇用の不安定化ではなく、公正な分配・再分配や労働条件にもとづく健全で持続可能な経済

②復古的な考えの押しつけを拒み、人権の尊重にもとづいたジェンダー平等や教育の実現

③マスコミや教育現場などにおける言論の自由の擁護

④沖縄の民意をふみにじる辺野古新基地建設の中止

⑤脱原発と再生可能エネルギーの振興

などのテーマにおいて政策志向を共有する候補者を重点的に支援していく。

4．市民連合は、「2000万人戦争法の廃止を求める統一署名」の

国会前スピーチより　**寺田ともか（SEALDs　2015.8.30）**

先週テレビで国会中継をみていたら、イラク戦争での米軍の戦争犯罪について、安倍首相が質問を受けていました。

米軍が民間人の家に立ち入り、３歳の子供や生後５か月の赤ちゃんなど、無抵抗な住民をふくむ11人を銃殺したことを、子どもたちが通う学校を米軍が占領し、これだけはやめてほしいと非暴力のデモをおこなった市民に対して、米軍が直接銃をもってつぎつぎに射殺したことを、ファルージャ総攻撃では、息をしているものはみんな殺せという指令のもと、女性も子どもも家畜も助けに来た救急隊員も、白旗を掲げていた少年も皆殺しにされたことを。これらの米軍の行為は戦争犯罪ですよね、と山本太郎議員が質問された安倍総理は、これに答えることができませんでした。

共同呼びかけ29団体の個人有志、また市民連合の理念と方針に賛同する諸団体有志および個人によって組織し、各地域において野党（無所属）統一候補擁立を目指し活動している市民団体との連携をはかる。

２０１５年12月20日

安保法制の廃止と立憲主義の回復を求める市民連合・呼びかけ５団体有志

戦争させない・９条壊すな！総がかり行動実行委員会」有志：高田健、福山真劫、小田川義和

ＳＥＡＬＤｓ（自由と民主主義のための学生緊急行動）有志：奥田愛基、諏訪原健

安全保障関連法に反対する学者の会有志：広渡清吾、佐藤学

立憲デモクラシーの会有志：山口二郎、中野晃一、青井未帆

安保関連法に反対するママの会有志：西郷南海子、町田ひろみ、長尾詩子

【野党4党＋市民による選挙のとり組み】

その後、市民連合は新年早々の1月5日には野党5党にも呼びかけて東京・新宿駅西口で５０００人規模の街頭大演説会を開催、つづいて1月23日、１２００人規模のシンポジウム「２０１６年をどう戦い抜く

か」を開催し、力強く運動を出発させた。

発足した市民連合は参議院議員選挙に取り組むに当たって、比例区と複数区は留保し、とりあえず全国に32カ所ある参院選の1人区で野党共同候補を実現できるかどうかにターゲットを定めて野党各党に働きかけを強めた。

あわせて4月末に予定されていた北海道と京都での衆院選補欠選挙へのとり組みが、夏の参院選の成否を占う前哨戦になると判断し、とりわけ市民の間から統一候補の予定者として池田まきさんの名が上がって、運動が具体化しつつあった北海道5区の運動に協力した。この北海道5区のたたかいは僅差で敗れることになったが、ここで形成された市民側が政党側に働きかけて、政策協定を作り上げながら「野党4党+市民」の体制で、自公与党とたたかうという構図は、野党候補の1本化と共同のために奮闘していた全国の市民運動の模範となり、運動を大きく励ますことになったのである。

2月11日、熊本市で、野党と「安保法制廃止と立憲主義の回復を求める市民連合（市民連合）」と政策協定が結ばれ、2月下旬には衆院北海道5区補選の池田まき候補が決定し、以降、ジグザグな過程を経て参院選直前には32の全選挙区での候補者の一本化と、市民連合の推薦という関係が成立した。

国会前スピーチより　**森村誠一（作家　2015.8.30）**

けれども、私はかなり危険な思いをしました。『悪魔の飽食』という、アンチ平和を、その戦争というものの真実を書いた場合に、「森村暗殺計画」が企画されました。つまり言論の自由、思想の自由も圧殺された。

みなさん、この中で特に一番最初に殺されるのは若い人たちです。それも大学生、高校生が多い。みなさん、今日、降ったこの雨を共有して絶対に忘れない、絶対に安倍を許さない。そして絶対に戦争可能な国家にしてはいけない。

【野党共闘を進めた党首会談合意】

総がかり行動実行委員会は9月19日の戦争法採決の日を忘れないとの確認の下、戦争法の廃止法案の国会提出と戦争法廃止の運動の強化のために全国の市民運動に「19日行動」を呼びかけ、国会周辺で数千から1万に及ぶ市民を結集して、毎月かかさず行動を実施してきた。

2月19日、総がかり実行委員会と市民連合はあらかじめ野党各党にこの「19日行動」の日までに野党共闘を具体化し、集会で実りある報告をしてくれるよう、強く働きかけた。

これに応えて2月19日午前、国会内で民主党、共産党、維新の党、社民党、生活の党の5野党による党首会談がおこなわれ4項目の合意文書を作成した。合意は安倍政権の打倒を掲げ、野党が全国的規模で選挙協力を行って国政選挙にのぞむという画期的な内容であった。

■5野党党首合意

▽安保法制の廃止と集団的自衛権行使容認の閣議決定撤回を共通の目標とする

▽安倍政権の打倒をめざす

▽国政選挙で現与党およびその補完勢力を少数に追い込む

▽国会における対応や国政選挙などあらゆる場面でできる限りの協力を行う

その日の夜、国会議員会館前に集まった7800人の市民を前にして、民主党の枝野幹事長は5党党首合意の報告をおこない、安保法制の廃止法案の提出と、安倍政権の打倒をめざす合意などについて発表し、参加者の熱烈な歓迎を受けた。これ以降、紆余《うよ》曲折がありながらも1人区の野党統一候補の擁立が急速に進むことになった。

さらに5月19日の市民による国会行動を控えた4野党党首会談では、「共通政策について一致点を確認し、積み重ねていく」こと、安倍政権が解散・総選挙も狙っているので、「衆院選についてできる限りの協力を行うこととし、その具体化を加速する」ことを確認し、4800人が結集した市民集会で、戦争法の廃止法案を提出したことと合わせて発表された。

これらの努力の過程で4つの野党と市民連合の政策レベルでの協定もすすんだ。

6月1日、4党幹事長・書記局長協議では、

(1)安保法制廃止・立憲主義回復
(2)アベノミクスによる国民生活の破壊、格差と貧困の拡大の是正
(3)環太平洋連携協定（TPP）や沖縄問題など、国民の声に耳を傾けない強権政治に反対
(4)安倍政権のもとでの憲法改悪に反対—

国会前スピーチより

SEALDsコール

勝手に決めるな！
ヘリクツいうな！
火事と戦争一緒にするな！
戦争！するな！戦争！するな！

という「共通政策」の柱を確認。通常国会に4野党が共同提出した15本にわたる議員立法の内容を「共通政策」にすることも決めた。

これらを通じて、与党や右派メディアが野党共闘攻撃の口実としてきた「野合」は事実に反し、野党間には実態として広範な政策での共通点が存在することが証明された。

【民進党・共産党の両代表の決意表明】

これらの動きを通じて、参議院選挙でのとりわけ32の1人区での野党共同が準備されていった。これは文字どおり「戦後政治史上初めて」の出来事であった。これらについて民進党の岡田代表と共産党の志位委員長の感想を引用しておきたい。

岡田克也民進党代表は2016年5月3日の有明防災公園での憲法集会で次のように述べた。

「きょうは本当にたくさんの皆さま、ありがとう！　去年の秋に、皆さんに支えられて、われわれ各党は、国会での（安全保障関連法をめぐる）審議、とことん頑張ることができました。皆さんの応援に心から感謝します。ありがとうございます」

「安全保障法制、安倍晋三首相は『成立をした』と言っていますが、憲法違反の法律は、いくら時間がたっても憲法違反です。これを廃止に追い込まなければなりません。力を合わせて頑張ろうじゃありませんか」

「そして、最近の安倍首相、まず1月に、参院選で（憲法改正を発議できる）3分の2（の議席）を改憲勢力で取るんだ、ということを明言しました。国会の審議の中で、憲法9条の改正に何度も何度も言及しました。最近は、憲法改正を議論しないのは無責任な勢力だと明言しました」

「皆さん。安倍首相が目指しているのは、参院選で多数を得て、そして、憲法9条の本丸に切り込む、これを改正する。限定された集団的自衛権どころか、限定のない集団的自衛権の行使をやり抜くというのが安倍さんの魂胆。皆さん、力を合わせてこれを絶対阻止しようではありませんか！」

志位和夫・共産党委員長は5月22日、こう発言した。

「32の参院選1人区での野党統一候補がすべてで実現する見通しがついた。正直に言うが、この方針を提案した際、ここまで（野党共闘が）前進できるとは想像していなかった。うれしい『想定外』だ。香川県では共産党の候補に一本化する方向になった。選挙共闘、いよいよ力が入る。32全部で自民党を打ち負かしたい」。

国会前スピーチより　**金子　勝（学者の会 2015.7.31）**

2012年12月、2914年12月の総選挙は、「景気回復、この道しかない」っていうアベノミクス一色でした。ところが実際にやっていることは、特定秘密保護法、集団的自衛権、安保法案と原発再稼働等、全く違うことをやっている。これはある意味、議会制民主主義における総選挙を意味ないものにする行為です。つまり、公約に掲げたことはほとんど騙し。ほとんど成果を上げていない。どころか…日銀は300兆円国債買って、国民の年金をぶちこんで、株を上げているだけで、その付けはみんな若い世代にいくわけです。

こうして参議院選挙で4野党と市民は結束して、懸命に闘った。参院選の投開票日の7月10日の深夜、記者会見で岡田代表は以下のように発言した。

【質問】代表は野党共闘について「市民が中心となって野党共闘が実現し、新しい民主主義が始まった」と発言されている。そこで、この先の選挙においても、市民が求めれば、今回のような野党共闘は選択肢の一つとしてあり得るのか。

【代表】基本的にはそう考えています。今まで、我々の選挙でなかなか関心を持っていただけなかった若い人とか、あるいは、それこそ赤ちゃんを連れたお母さん達とか、そういう方々に熱心に参加していただいた選挙区が多いのですね。そういった新しい民主主義が始まったということを私は非常に高く評価していますので、これからもそういう形がさらに広がっていくことを期待したいと思っています。

そして、戦争法が成立してから成立1年にあたる9月19日の国会前集会では、岡田民進党前代表は「1年経っても憲法違反の法律は憲法違反、何年経っても憲法違反だ。それを廃止していくのが国会の仕事だ。そのために私たちは力を合わせてしっかりと頑張っていく」と昨年成立した安保法制の白紙撤回を求めていく決意を表明。自らが辞任してつくられた民進党の新執行部体制について、「新しいリーダーが誕生したが、考え方は全く変わっていない」「皆さんと一緒になってこの国がおかしな方向にいかないためにしっかりとともに戦い抜く」と発言した。

参院選後、岡田代表らは交替し、民進党では蓮舫・野田新執行部が成立した。蓮舫・野田体制がこの岡田氏の発言に見られる野党共闘の路線を発展させていくことができるかどうかが、野党4党と市民連合には問われている。

【市民と野党の政策協定が結ばれた】

与党が野党共闘の動きを「野合」などと誹謗するなかで、2016年6月7日に4野党党首らが「市民連合」と19項目におよぶ政策協定を結んだことは極めて重要な意義があった。「東京新聞」は以下のように報道した。

4野党と市民連合　参院選へ政策協定　安保法廃止など柱

民進、共産、社民、生活の野党四党は7日、参院選での野党共闘を呼び掛ける市民団体「安保法制の廃止と立憲主義の回復を求める市民連合」との間で、7月の参院選に向けた政策協定を結んだ。安全保障関連法廃止や立憲主義の回復、改憲阻止などが柱。参院選での4野党

国会前スピーチより　**高校生（2015.7.31）**

（なんで高校生なのにデモに行くのか？）机の上でずっと勉強すればいいじゃんっていわれるんですけれど、ほんとにふざけんなっていう感じで、高校生だって自分で自分の未来を選んでいきたいし、くさった政府なんかに自分の未来をこわされたくないです。若者だからちゃんと学校の勉強をしろだとか、そんな冷淡なことといわれてもわたしたちは絶対にこのアクションを続けるし、ほりあげていきたいと思います。

の共通政策の土台となる。市民との連携を進めることで、幅広く政権批判票を取り込む狙いもある。

「市民連合」が政策要望を提出し、4党代表が署名。米軍普天間《ふてんま》飛行場（沖縄県宜野湾《ぎのわん》市）移設に伴う名護市辺野古《へのこ》への新基地建設反対、環太平洋連携協定（TPP）合意への反対、原発に依存しない社会の実現に向けた地域分散型エネルギーの推進なども盛り込まれた。（中略）

署名後、民進党の岡田氏は「いよいよ参院選。しっかり力を合わせたい。国民の生活をどうやって守るか。昨年の安保法制、その前の（集団的自衛権の行使容認の）閣議決定を白紙に戻す闘いだ。憲法改悪を絶対阻止すると、正面から掲げていきたい」と述べた。

共産党の志位氏は「32の1人区全てで、野党統一候補が実現した。勝つために今後、4野党と市民が本気で取り組みたい」と語った。

国会の議員会館で市民数10人が見守る中で野党4党の代表と調印された「政策協定」は次のようなものである。

◇野党4党の政策に対する市民連合の要望書◇

来る参議院選挙において、以下の政策を掲げ、その実現に努めるよう野党4党に要望します。

Ⅰ　安全保障関連法の廃止と立憲主義の回復（集団的自衛権行使容

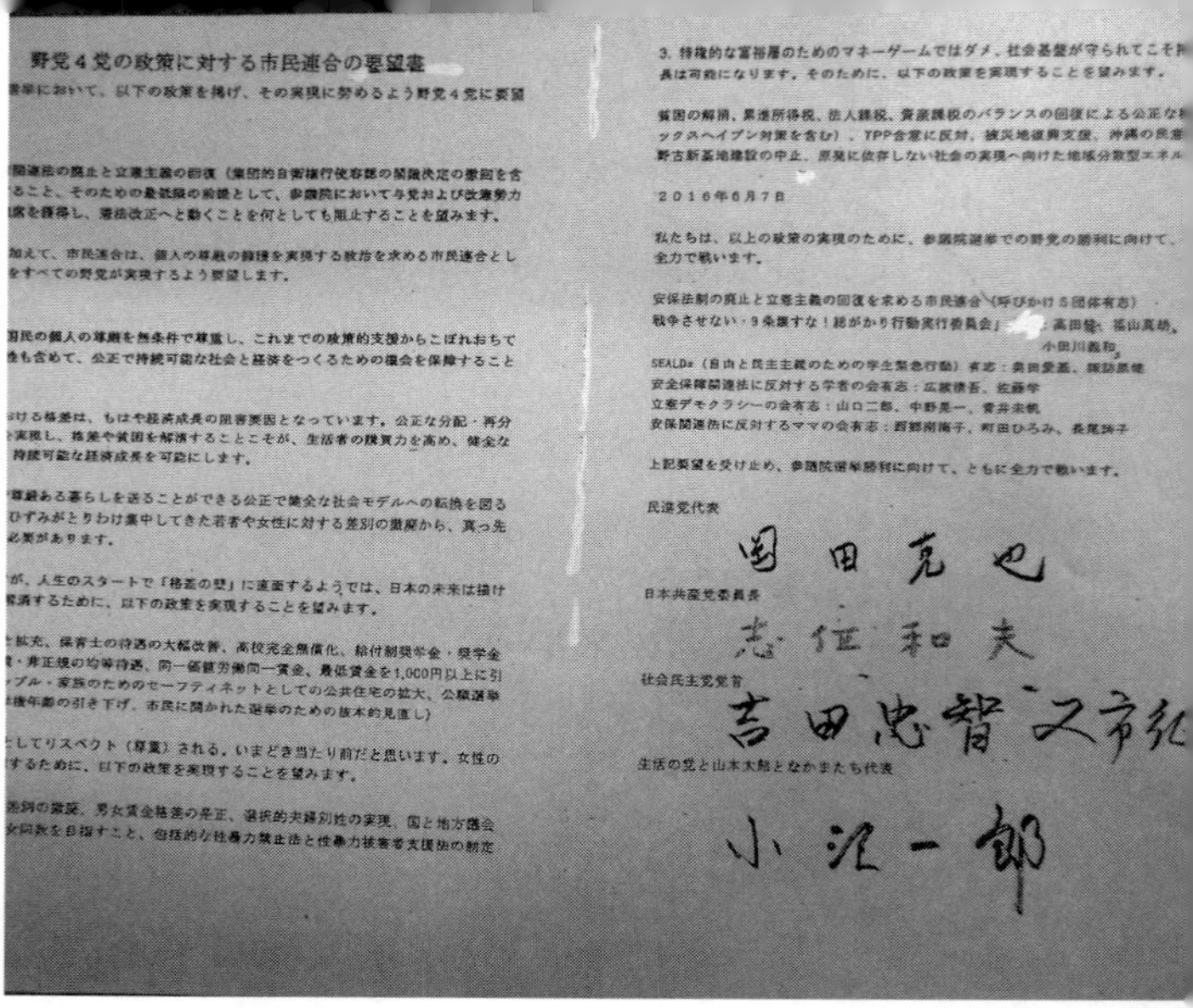

野党４党の政策に対する市民連合の要望書

…政策において、以下の政策を掲げ、その実現に努めるよう野党４党に要望…

…関連法の廃止と立憲主義の回復（集団的自衛権行使容認の閣議決定の撤回を含…
…すること、そのための最低限の前提として、参議院において与党および改憲勢力…
…議席を獲得し、憲法改正へと動くことを何としても阻止することを望みます。

…加えて、市民連合は、個人の尊厳の擁護を実現する政治を求める市民連合とし…
…をすべての野党が実現するよう要望します。

…国民の個人の尊厳を無条件で尊重し、これまでの政策的支援からこぼれおちて…
…性も含めて、公正で持続可能な社会と経済をつくるための機会を保障すること…

…ける格差は、もはや経済成長の阻害要因となっています。公正な分配・再分…
…を実現し、格差や貧困を解消することこそが、生活者の購買力を高め、健全な…
…持続可能な経済成長を可能にします。

…尊厳ある暮らしを送ることができる公正で健全な社会モデルへの転換を図る…
…ひずみがとりわけ集中してきた若者や女性に対する差別の撤廃から、真っ先…
…必要があります。

…が、人生のスタートで「格差の壁」に直面するようでは、日本の未来は描け…
…解消するために、以下の政策を実現することを望みます。

…拡充、保育士の待遇の大幅改善、高校完全無償化、給付制奨学金・奨学金…
…・非正規の均等待遇、同一価値労働同一賃金、最低賃金を1,000円以上に引…
…プル・家族のためのセーフティネットとしての公共住宅の拡大、公職選挙…
…権年齢の引き下げ、市民に開かれた選挙のための抜本的見直し）

…としてリスペクト（尊重）される。いまどき当たり前だと思います。女性の…
…するために、以下の政策を実現することを望みます。

…差別の撤廃、男女賃金格差の是正、選択的夫婦別姓の実現、国と地方議会…
…女同数を目指すこと、包括的な性暴力禁止法と性暴力被害者支援法の制定…

3．特権的な富裕層のためのマネーゲームではダメ、社会基盤が守られてこそ…
…長は可能になります。そのために、以下の政策を実現することを望みます。

…格差の解消、累進所得税、法人課税、資産課税のバランスの回復による公正な…
…ックスヘイブン対策を含む）、TPP合意に反対、被災地復興支援、沖縄の民意…
…野古新基地建設の中止、原発に依存しない社会の実現へ向けた地域分散型エネル…

２０１６年６月７日

私たちは、以上の政策の実現のために、参議院選挙での野党の勝利に向けて、…
全力で戦います。

安保法制の廃止と立憲主義の回復を求める市民連合（呼びかけ５団体有志）
戦争させない・９条壊すな！総がかり行動実行委員会」…：高田健、福山真劫、
小田川義和、
SEALDs（自由と民主主義のための学生緊急行動）有志：奥田愛基、諏訪原健
安全保障関連法に反対する学者の会有志：広渡清吾、佐藤学
立憲デモクラシーの会有志：山口二郎、中野晃一、青井未帆
安保関連法に反対するママの会有志：西郷南海子、町田ひろみ、長尾詩子

上記要望を受け止め、参議院選挙勝利に向けて、ともに全力で戦います。

民進党代表
岡田克也
日本共産党委員長
志位和夫
社会民主党党首
吉田忠智
生活の党と山本太郎となかまたち代表
小沢一郎

市民と野党の政策合意書
（2016.6.7）

認の閣議決定の撤回を含む）を実現すること、そのための最低限の前提として、参議院において与党および改憲勢力が3分の2の議席を獲得し、憲法改正へと動くことを何としても阻止することを望みます。

上記のⅠに加えて、市民連合は、個人の尊厳の擁護を実現する政治を求める市民連合として、以下のⅡをすべての野党が実現するよう要望します。

Ⅱ　すべての国民の個人の尊厳を無条件で尊重し、これまでの政策的支援からこぼれおちていた若者と女性も含めて、公正で持続可能な社会と経済をつくるための機会を保障することを望みます。

日本社会における格差は、もはや経済成長の阻害要因となっています。公正な分配・再分配や労働条件を実現し、格差や貧困を解消することこそが、生活者の購買力を高め、健全な需要を喚起し、持続可能な経済成長を可能にします。

誰もが自由で尊厳ある暮らしを送ることができる公正で健全な社会モデルへの転換を図るために、格差のひずみがとりわけ集中してきた若者や女性に対する差別の撤廃から、真っ先に着手していく必要があります。

1．子どもや若者が、人生のスタートで「格差の壁」に直面するようでは、日本の未来は描けません。格差を解消するために、以下の政策を実現することを望みます。

国会前スピーチより　鎌田　慧（戦争させない1000人委員会　2015.7.31）

あるいは「積極的平和主義」というのは、ノルウェーのガルトゥングの言葉を剽窃したものです。ガルトゥングは何を中心に平和をつくっていくかといっているか。対話です。安倍は対話ができるか。安倍みたいに対話ができないやつはいない。そういうやつが積極的平和主義といって、世界的な平和主義を汚している、剽窃している。こういうことが成り立っている。この国会は嘘つき大会となっている。こういう内閣を私たちは、なぜおめおめと許していなくてはいけないのか。

保育の質の向上と拡充、保育士の待遇の大幅改善、高校完全無償化、給付制奨学金・奨学金債務の減免、正規・非正規の均等待遇、同一価値労働同一賃金、最低賃金を１０００円以上に引き上げ、若いカップル・家族のためのセーフティネットとしての公共住宅の拡大、公職選挙法の改正（被選挙権年齢の引き下げ、市民に開かれた選挙のための抜本的見直し）

2. 女性が、個人としてリスペクト（尊重）される。いまどき当たり前だと思います。女性の尊厳と機会を保障するために、以下の政策を実現することを望みます。

女性に対する雇用差別の撤廃、男女賃金格差の是正、選択的夫婦別姓の実現、国と地方議会における議員の男女同数を目指すこと、包括的な性暴力禁止法と性暴力被害者支援法の制定

3. 特権的な富裕層のためのマネーゲームではダメ、社会基盤が守られてこそ持続的な経済成長は可能になります。そのために、以下の政策を実現することを望みます。

貧困の解消、累進所得税、法人課税、資産課税のバランスの回復による公正な税制の実現（タックスヘイブン対策を含む）、今回のＴＰＰ合意反対、被災地復興支援、沖縄の民意を無視した辺野古新基地建設の中止、原発に依存しない社会の実現へ向けた地域分散型エネルギーの推進

２０１６年６月７日

私たちは、以上の政策の実現のために、参議院選挙での野党の勝利に向けて、各党とともに全力で戦います。

安保法制の廃止と立憲主義の回復を求める市民連合（呼びかけ５団体有志）

戦争させない・９条壊すな！総がかり行動実行委員会」有志：高田健、福山真劫、小田川義和

ＳＥＡＬＤｓ（自由と民主主義のための学生緊急行動）有志：奥田愛基、諏訪原健

安全保障関連法に反対する学者の会有志：広渡清吾、佐藤学

立憲デモクラシーの会有志：山口二郎、中野晃一、青井未帆

安保関連法に反対するママの会有志：西郷南海子、町田ひろみ、長尾詩子

上記要望を受け止め、参議院選挙勝利に向けて、ともに全力で戦います。

民進党代表　岡田克也

日本共産党委員長　志位和夫

社会民主党党首（吉田忠智）　又市征治　※吉田党首からは後日ご

国会前スピーチより　**山口二郎（立憲デモクラシーの会　2015.7.31）**

安倍首相は、この安保法制、国民の生命の安全と言っていますが、こんなのはまさに嘘っぱち、生来の詐欺師が誠実を語るようなものであります。安倍政権は国民の生命安全なんてこれっぽっちも考えていない。それが何より証拠には、先週福島県の事故の被害者に対する支援の縮小を閣議決定しました。線量が下がったからもう帰れ、これ以上逃げるのはお前らの勝手だからサポートはしない。これはほんとうに人でなしの所業です。昔時代劇で萬屋錦之介が悪者を退治するときに、「てめーら人間じゃねー、たたき切ってやる！」と叫びました。私も同じ気持ち、もちろん暴力を使うわけにはいきませんが、安倍に言いたい。「お前ら人間じゃない。たたき切ってやる！」民主主義の仕組みを使ってたたき切りましょう。たたきのめしましょう。

署名いただきます。

生活の党と山本太郎と仲間たち代表　小沢一郎

4野党と市民の共同について、与党や右派メディアは「野合」という批判をくり返した。しかし、この政策協定をみれば「野合」などという攻撃がいわれのない誹謗中傷であることがはっきりする。

市民連合は野党4党との協定に加えて、全国32の1人区の共同候補者と政策協定を結び、記者会見などを通じて発表することと合わせて、選挙戦においては各地の市民諸団体と共に街頭演説など、選挙の応援に立った。各地の候補者との協定は選挙区によって多少異なった所もあるが、大筋、以下のようなものである。

◇安保法制の廃止と立憲主義の回復を求める市民連合協定書

安保法制の廃止と立憲主義の回復を求める市民連合（以下、市民連合）は、「立憲主義、民主主義、平和主義の擁護と再生は、誰もが自由で尊厳あるくらしをおくるための前提となるものである。私たち市民連合は、安全保障関連法を廃止、立憲主義を回復し、自由な個人が相互の尊重のうえに持続可能な政治経済社会を構築する政治と政策の実現を志向する」という理念の下、下記の3点を公約する「市民派・野党統一」候補を推薦し、市民連合推薦候補として全力で支援を行います。

公約１　安全保障関連法の廃止

公約２　立憲主義の回復（集団的自衛権行使容認の閣議決定の撤回を含む）

公約３　個人の尊厳を擁護する政治の実現

なお、市民連合は、推薦候補に対し、公約３について、下記の政策志向の共有を要望します。

①格差・貧困の拡大や雇用の不安定化ではなく、公正な分配・再分配や労働条件にもとづく健全で持続可能な経済

②復古的な考えの押しつけを拒み、人権の尊重にもとづいたジェンダー平等や教育の実現

③マスコミや教育現場などにおける言論の自由の擁護

④沖縄の民意をふみにじる辺野古新基地建設の中止

⑤脱原発と再生可能エネルギーの振興

私は、市民連合の掲げる上記３点を２０１６年参議院選挙において公約します。

市民連合の推薦を受け、当選したあかつきには、原則として任期満了まで特定政党に属さず、上記公約実現のため全力を挙げることを約束します。

国会前スピーチより　**室井佑月（2015.9.17）**

私、メディアで仕事をさせてもらっていますけれども、多くのテレビに出る人間や物書きの人間が、実は、今の政府のやり方に、不安を持っているし、反対しているし、怖がっております。でも、まだ声をあげられない人がたくさんおります。

そういう人の中には、私たちと一緒に声をあげてくれる方々もいると思います。

なので、皆さん、ぜひお願いいたします。本当にいい記事とか、いいコメントを言った女優さんでも歌手の方々でも、もし声をかける方がいたら、応援のツイッターでもメールでも、なんでもいいですから送ってください。

最後まで、一緒に頑張っていきましょう！

年　月　日

氏名　印

【市民が選挙を変える。政治を変える】

9月19日の戦争法強行採決に際して、政府や右派の論客などからは「デモでは政治は変わらない」というデモ無用論のキャンペーンが展開され、国会外での市民行動の意義を低め、瓦解させようとする動きが強まった。しかし、この間の市民連合＋野党共闘の経過と参院選の結果はこれにたいする明確な回答となった。古今東西、歴史は民衆のエネルギーと行動が政治を変えてきたことを示している。私たちの社会変革の運動は市民の大衆行動と、選挙などの議会での運動によって政治を変える闘いという「車の両輪」を進めることで展望が開けることを示した。

4野党と市民連合の政策協定の実現とそれにいたる過程は、まさに市民が共闘に対して足踏みする政党をプッシュし、政治を変えてきた過程ではなかったか。市民の運動が歴史的な選挙での4野党の共同を生み出したといっても過言ではなかった。いわばデモが政党の姿勢を変え、政治を変えていったのである。

総がかり行動実行委員会がつくったプラカードに「選挙を変える」というものがある。ある時、これをめぐって1人の集会の参加者から、文法がおかしい、「選挙で変える」の間違いではないかとクレームがついたことがある。しかし、「選挙を変える」と言ったフレーズに市民運動の思いが込められている。代議制民主主義を基本とした日本の社会では、従来から選挙といえば政党が候補者をたて、市民はそれに投票することで政治を委任するというものが一般的だった。２０１５年安保に参加した市民は、この市民と政党の関係を変えたかったのである。市民も政党と共に選挙の主体であり、私たちはこの国の主権者である。「投票する」という行動だけでなく、市民が選挙闘争に積極的に介入していく。「選挙を変える」、まさに政治をそのように変えたかったのである。

6章 2016年参院選は希望のある敗北だった

【2016年参議院選挙——私たちが獲得したもの】

7月10日投開票の第24回参議院議員選挙の結果は、議席数で「改憲勢力」が77（自民56、公明14、維新7）で、「立憲勢力」が44（民進32、共産6、社民1、生活1、無所属野党統一4）となり、非改選の議席と合わせて、自公与党を中心にした改憲勢力は3分の2に達した。岡田民進党などが掲げた「改憲勢力に3分の2をとらせない」という目標は達せられなかった。この点でみれば参院選は敗北であった。

しかしながらこの参院選の歴史的な特徴となった「野党共闘＋市民連合」で闘った32の1人区では11人が当選し、前回の参院選挙で野党が31選挙区中2人しか当選できなかったことと比較しても一定の成果をあげた。1人区も含めて3年前の参議院選挙（野党4党で28人）と比べて議席数でも一定の前進（野党4党で43人）を獲得した。

また重要な政治的焦点である福島、沖縄の選挙区では安倍政権の現職閣僚を落選させたことや、前回に比べてわずかながら全国の投票率がアップし、1人区では無党派層の6〜8割が野党統一候補に投票（朝日出口調査、11日）したことなど、安倍政権に反対し、政治の変革をめざす市民運動の展開への重要な足がかりが獲得され、今後のたたかいへの希望が見えた。まさに今回の敗北は「希望のある敗北」に他ならない。多くの論者が指摘するように、野党が「惨敗」せずに、一定程度踏みとどまったのはひとえに「野党共闘＋市民連合」の成果である。

【安倍政権の争点隠しと改憲問題の行方】

新聞各紙は11日のトップ見出しで、「与党大勝　改選過半数、改憲派2／3超す」（読売）、「改憲勢力3分の2、与党で改選過半数」（日経）、「改憲3分の2発議可能に　自民1人区21勝11敗」（産経）などと書き、あたかもこの選挙で改憲が有権者に承認されたかのように印象づけた。

しかし、安倍政権と自公与党は選挙戦全体を通して姑息な「改憲隠し戦術」をとり、首相は街頭演説でただの1度も改憲について触れなかった。

自民党が参院選公約で「憲法改正」について触れているのは、26ページの冊子の末尾のわずかな部分のみだった。自民党の政策パンフレット「この道を。力強く、前へ。」という冊子の本文ではアベノミクスと安倍外交の「成果」を宣伝するだけで、改憲についての言及は全くない。要するに自民党の主要な政策で改憲は全く掲げられなかった。つづいて極小文字の「政策ＢＡＮＫ」というのがあるが、全文2万7500字のうち、憲法については末尾にわずか270字（1％）ばかりの「国民合意の上に憲法改正」という項目があるだけだった。中身は「わが党は結党以来、自主憲法の制定を党是に掲げています。憲法改正においては、現行憲法の国民主権、基本的人権の尊重、平和主義の3つの基本原則を堅持します。（改憲には衆参の3分の2議席と国民投票が必要で）衆議院・参議院の憲法審査会における議論を進め、各党との連携を図り、あわせて国民の合意形成に努め、憲法改正を目指します」と空疎なものだけだ。

さらに争点隠しであるばかりか、参院選そのものが有権者から隠された。毎日新聞によると、テレビの報道は前回比3割減であり、舛添問題など都知事選関連ニュースが前面に出された時期が異常に長かった。

こうした選挙戦の経過なのに、議席数が3分の2を確保したから「改憲3分の2　発議可能に」（産経）という見出しは我田引水が過ぎ、事実に合わない。

この選挙で改憲問題を徹底して争点化して闘ったのは野党側である。岡田代表の民進党は大胆に「2／3を取らせない」というポスターを掲げた。他の3党も改憲問題を第1に掲げた。こうしたスローガンを掲げた「野党4党の共同＋市民連合」が現在、考えられる限り可能なベストな布陣で闘った結果、「改憲3派」対「立憲4派」の対立構図がつくられ、改憲問題を選挙戦の重要な争点の一つに押し上げることができたのである。ストレートに議席数には現れなかったが、ほとんどのメディアの世論調査を見ても改憲反対は民意の多数派である。

今後、安倍政権は容易に明文改憲に踏み出せないはずである。民意がそれを求めていないことははっきりしている。安倍首相は国会の憲法審査会の議論を通じて改憲項目を絞り込むなどと言っている。憲法審査会を隠れ蓑にして改憲にすすもうというのである。しかし、与党の公明党は大きく動揺している。公明党の斉藤鉄夫幹事長代行は7月15日、「民進が『ダメ』というものはダメ」だと述べた。

維新も改憲をいうが、その中身は「教育の無償化」「地域主権確立のための統治機構改革」「憲法裁判所の設置」などであり、安倍首相らの9条改憲論とはズレがある。

自民党、公明党、維新の会、それぞれ改憲はいうものの同床異夢的なところがあり、改憲項目をどのように絞り込んでいくか、道は容易ではない。

【改憲派の動揺】

参院選挙後、安倍首相は「いかにわが党の案をベースに3分の2を構築していくか、これがまさに政治の技術だ」「いよいよ憲法審査会に議論の場が移ってしっかりと議論し、どの条文をどのように変えていくかということに集約されていく」などと発言し、憲法審査会での議論に拍車をかけていく姿勢を露わにしている。先の通常国会で憲法審査会の議論を中断させたのは政府与党であり、とりわけ6月4日、参考人として出席した3人の憲法学者が安保法制違憲論を展開したことがきっかけだったことを忘れたとは言わせない。にもかかわらず、安倍首相は憲法審査会を自らの党利党略で扱い、自らの都合で再開させ、この憲法審査会の場で改憲論議と改憲項目の絞り込みをおこない、改憲世論を高め、任期中に改憲発議と国民投票を実現させようと言う魂胆だ。

2016年の臨時国会に際して、憲法改定をどのように進めるか、その具体化が問題になる中で、自民党内で「憲法改正草案」(2012年4月発表)についての棚上げ論が出始めた。

朝日新聞によると、森英介・自民党憲法改正推進本部長は9月15日、下村博文幹事長代行から、衆院憲法審査会長就任打診とともに、「草案(自民党憲法改正草案)は封印してほしい」と要請されたという。森氏の後任になる保岡興治元法相も下村氏との会談で「草案を前面に出さずに野党と協議し、改憲項目の絞り込みを目指していく」との方向性を確認した。保岡氏は記者団に「草案は非常に保守色が強い。前面に出せば、野党との調整でネックになる」と語った。安倍晋三首相も15日、東京都内の講演で「憲法審査会は与野党の枠を超えて議論したい。私が色々言うと進まなくなるので黙っている」と述べた。これを見ると、下村幹事長代行の意見は安倍首相の同意を得ていることがわかる。しかし、これは改憲発議の課題が現実の問題になったなかで起こった安倍晋三首相の改憲戦略の動揺に他ならない。

自民党はこのほど自民党憲法改正本部長と衆院憲法審査会会長の人事

を入れ替えた。これは2015年6月4日の憲法審査会で与党側推薦の参考人を含めて3人の憲法研究者が「安保法制は憲法違反」との意見をのべたことが戦争法の国会審議に重大な影響を与え、憲法審査会の審議が止まったことから、当時、この参考人の人選に当たった船田元・自民党憲法改正推進本部長が更迭され、森英介氏に変更になっていた。今回の人事は同じく、「野党に配慮した審査会運営を重視しすぎて、議論が停滞するおそれがある」傾向がある保岡興治氏の更迭のために異動を検討した結果だ。ただし、森氏が憲法問題のエキスパートではないことから、これからの国会での憲法論議に耐えられるかどうかの不安もあり、谷垣禎一氏との交替で森氏自身の異動も検討されたが、谷垣氏の交通事故が重症であり、結局、憲法審査会会長との差し替えという小手先の人事に落ち着いたという経過がある。

船田氏にはもともと自民党の改憲強硬派からは、彼の憲法審査会の運営が野党に妥協的すぎるとの批判が強かった。従来から船田氏は自民党改憲草案に対しても「国防軍という名前は行き過ぎな感じがする。私は自衛隊のままでもいいと思っている」「このまま憲法改正の原案になることは全くない。妥協をせざるを得ず、草案はほとんどズタズタになると思って結構だ」（2015年3月）などと発言している。皮肉なことに、このところの自民党内の改憲戦略の変更はこの船田氏の意見とうりふたつになっている。

公明党の山口那津男代表も自民党の憲法改正草案について「そのまま案として国民投票に付されることは全く考えていない」とのべ、9月17日の党大会で山口氏は憲法改正論議に言及し、「9条1項、2項は堅持する。何を加憲の対象にすべきかの議論を深めたい」と表明した

一方、民進党代表選の最中の9月4日、前原誠司氏は「(9条の) 1、2項は変えず、3項に自衛隊の位置付けを加えることを提案したい」と発言している。

自公与党の議論と合わせて考えると、民進党代表戦で敗れたとはいえ、この前原案は改憲派との共通項になりうる可能性がある。

民進党の野田幹事長は臨時国会の代表質問で自民党の憲法改正草案を撤回するよう求めた。野田氏は9月25日のNHKの番組で「国民の権利を軽んじ、国のあり方を変える中身としか思えない。撤回してもらうところから始めないと議論は進まない」と主張していた。

安倍晋三首相は「自民党草案を撤回しなければ議論できないという主張は理解に苦しむ」と述べ、撤回に応じない考えを示した。これでは両党の対立が解けないとみた自民党は次のような妥協案を出してきた。「草案の撤回には応じないものの、平成17年にまとめた草案とともに、2つの草案を党内で議論を積み重ねた『公式文書』と位置づけるにとどめ、草案の実現を必ずしも前提としないこと」で、憲法審査会を稼働させるための妥協を図った。2016年の臨時国会で、両院の憲法審

査会は再起動したものの、安倍首相らが期待する改憲項目の絞り込みまでの道のりには遠いものがある。

【任期中の9条改憲が安倍晋三のホンネ】

改憲項目についてあれこれのくせ球を繰り出してはいるが、改憲派の本丸は憲法第9条改定であることは言うまでもない。安倍首相ら改憲派の長期戦略は限定的な集団的自衛権行使である戦争法の発動に止まらず、第9条を改憲し、より全面的に集団的自衛権を行使できる国、「戦争のできる普通の国」にあることは疑いない。

一方、公明党の山口那津男代表は8月15日、街頭演説で「近年の日本を取り巻く安全保障環境は、確実に厳しさを増している。憲法9条のもとでこの状況に対応するために、平和安全法制を作り、切れ目のない体制を作っていける法的基盤を整えた」「日本が自衛権を使うにしても、もっぱら他国を防衛するための集団的自衛権の行使は認めないというのが今の憲法の考え方であるということを明らかにしたうえで、その安全法制を整えた」「私たちは、こうした重ねた議論のもとで、自らを否定するような議論はするつもりはありません」と述べ、「憲法9条を改正する必要はない」と述べた。これは昨年、憲法違反の戦争法を解釈改憲で進める側に立った公明党の自己弁護でもある。しかし、この山口発言は額面通りにとることはできない。山口代表ら公明党は「加憲論」を積極的に進めようとしている。この立場からは「自衛隊容認」のための「9条3項」の加憲は十分に公明党の想定内のことである。第3項加憲であれ、いったん9条改憲に道を開けば、現行憲法の9条1項、2項の防波堤は決壊に向かうだろう。

戦争法は法制化され、施行され、いまその具体化が進んでいる。しかし、この戦争法は自衛隊が米軍と共に海外で自由に戦争ができるような集団的自衛権行使の全面容認ではなく、限定行使である。この「限定」の突破のためには、憲法9条を変え、自衛隊を合憲化し、海外で戦争ができるようにするしかない。いま、安倍首相が自民党総裁の任期を3年延長してでも、「任期中の改憲」にこだわる理由はここにある。戦争法制を成立させてもなお、見苦しいほどに首相の座に固執する安倍晋三のホンネこそ、この9条改憲に他ならない。

【安倍らの改憲戦略について】

第1次安倍政権当時、9条改憲に失敗した安倍晋三は、第2次政権以降はさまざまに明文改憲の迂回戦略を模索してきた。憲法第9条にたいする世論の根強い支持が安倍晋三首相にこうした迂回作戦を強いてきたのである。

破綻した96条改憲もそれだし、ネオリベラル的な新しい人権条項附加論もそれで、このところでは大震災に便乗した緊急事態条項附加の改憲

「戦争に行け」と言う奴に限って
自分は行かない
「国のために死ね」と言う奴に限って
自分は死なない

Facebook
「主張するネコたちのこと」
より

論なども登場した。安倍の改憲戦略はめまぐるしく変転した。さらには選挙の「合区解消」のための改憲論まで出てきている。

私は従来から安倍晋三首相が改憲原案の複数段階提起をとるのではないかと言ってきた。複数段階提起説は、第1次安倍政権による9条改憲の企ての失敗から、1回目は「お試し改憲」（印象が軽すぎて用語として適当ではないが）としてのネオリベラル的な改憲（新しい人権、統治機構、地方分権、財政規律、参院選挙区の「合区」の解消、緊急事態条項導入などのいずれか）で人びとにまず「改憲馴れ」させておいて、反発が強い9条改憲に着手するのは、次かその次と言ってきた。これは今日なおありうる改憲戦略である。しかし、任期の延長などにこだわる安倍晋三の動きを見ると、そうした「決め打ち」的な判断だけでは危ういと思われる。いずれにしろ、そのときの情勢と安倍晋三の腹の中のことであり、安倍にしてもいま戦術が確定しているものでもない。

国会法第68条の3では「憲法改正原案の発議に当たっては、内容において関連する事項ごとに区分して行うものとする」とあり、これは「個別発議の原則」といわれる。これによると、一度の改正発議で複数の項目・条文を対象にすることが可能である。しかし、国会の憲法審査会の審議の過程で、一度に国民投票にかける項目数も事実上限定されている（国民投票法案の審議で、せいぜい3〜5項目とされている）のである。5項目の改憲案が出された場合、国民投票の結果はすべてに○か×ではなく、いくつかが過半数が賛成、のこりは反対多数などという結果が出てくるかも知れない。これは危険なことである。

以上述べてきたことから、安倍晋三が狙う改憲を総合的に考えると、複数段階的な改憲路線だけでなく、もう一つの改憲原案は①ネオリベラル的な改憲と、②9条加憲（前原的な9条改憲論で、自民党憲法草案的な国防軍的なものではない）などの複数項目（最大5項目程度）の抱き合わせで提起される可能性がある。この場合、世論の多くが9条改憲に消極的でも、ネオリベ改憲に同調的という傾向に引きずられ、9条改憲に有利になる可能性があると安倍晋三らの改憲派は考えないだろうか。

さらに、安倍ら改憲派は憲法96条の規定（この憲法の改正は、各議院の総議員の3分の2以上の賛成で、国会が、これを発議し、国民に提案してその承認を経なければならない。この承認には、特別の国民投票又は国会の定める選挙の際行はれる投票において、その過半数の賛成を必要とする）を使って、国政選挙と同時に憲法改正国民投票をおこないたいと考えるだろう。同時にすれば、議会多数派の見解に同調する意見が多くなると考えられるからである。

この場合、２０１８年末までの任期切れ以前におこなわれる衆院解散と総選挙か、２０１９年夏の参院選という国政選挙と国民投票の同日投票が想定される。しかし、これも容易ではない。公選法と国民投票法では戸別訪問の可否などをはじめ運動規制のしかたがかなり違い、同時に実施するには相当の技術的困難が伴うことになる。この問題もどのような奇手が考えられるのか、狡猾な改憲派はなにか対応を考えるだろうか。

【憲法審査会の果たす役割】

第192回臨時国会では安倍晋三首相は衆院本会議の所信表明演説で衆参両院の憲法審査会で憲法改正についての議論を深めるよう呼びかけた。野党の質問に正面から答えることを避け、繰り返し「まずは憲法審査会という静かな環境で議論することが必要だ」などと答弁している。

先の参院選で改憲派が両院の議席の3分の2以上を占めたとはいえ、すでに検討したように改憲論議が一気に進むわけではない。こうした改憲発議の条件ができたところで、安倍は一転、慎重になったようにみえる。

彼には第1次安倍政権での苦い経験がある。当時、自民党も民主党も改憲案を提示し、改憲手続き法の審議をめぐっても、自公与党と野党第1党の民主党との間に合意の空気が生まれていた。この与野党協調の空気を一転させたのは2007年の年頭記者会見での安倍の発言だった。「憲法改正を私の内閣でめざす」「憲法審査会の議論を加速したい」などという安倍の発言は、首相たるものに許される発言ではなく、当時、野党の筆頭理事だった枝野幸男の感情を逆撫でし、「安倍首相の下での改憲論議には乗らない」として、与野党協調のムードはブチ壊れた。当時、憲法審査会の会長だった自民党の中山太郎もこの安倍発言に強い不満をもった。結局、改憲手続き法は与党単独で強行せざるを得なくなり、改憲への動きは事実上、凍結したのである。臨時国会における安倍の改憲論についての冗舌を封印したかのような姿勢の背景には、この悪夢がある。

臨時国会の代表質問で民進党の野田幹事長が「憲法審査会の議論を再開する前提条件は自民党の憲法改正草案を撤回することだ」と述べたのは、大変勇ましく、自民党に迫っているように見えるが、そうとばかりは言えない。棚上げすれば憲法審査会を始動させるということでもある。この点では蓮舫代表も「議論を拒否することではない」と繰り返し表明している。

前述したように、自民党は「草案の撤回には応じないものの、平成17年にまとめた草案とともに、二つの草案を党内で議論を積み重ねた『公式文書』と位置づけるにとどめ、草案の実現を必ずしも前提としないこと」を表明し、憲法審査会は再起動することになった。永田町のやり取りはなんとわかりにくく、ウラ読みを必要とするものなのだろうか。

安倍首相は憲法審査会で各政党が改憲案を示すことこそ「国会議員の責任」であるという。これは改憲論議に野党を引きずり込むためのペテンである。

もし憲法審査会が再開されるのであれば、憲法がいま、いかに実践されているのかを検証し、憲法が実現されていないとしたら、その理由を明らかにしなくてはならない。憲法違反の戦争法についてはまっさきに検証されなくてはならない。そして多くの国民が憲法に不満を持ち、改定を求めるような事態であるのかどうかが検証されるべきである。まず改憲ありきの議論が憲法審査会の任務ではないはずである。

　これなしに、憲法審査会が始動されれば、改憲派は憲法審査会では、両院で一定の議論を経たのちに、「論議は尽くされた」と称して審査会の議論打ち切りを強行し、衆参合同憲法審査会などを開催して改憲原案をつくろうとするに違いない。


【改憲国民投票について】


　憲法審査会で作られた改憲原案は両院の総議員の3分の2以上の賛成で発議され、国民投票に付される。この際の国民投票は憲法第96条の規定で「特別の国民投票又は国会の定める選挙の際行われる投票」としておこなわれる。

　これを実施する法律は2007年、第1次安倍政権によって作られた「改憲手続き法」であり、同法は問題点が非常に多い。そのいくつかを指摘しておきたい。

　メディアに対する広報やTV広告などのあり方が民主的に規制されていない。広報は世論を決定的に左右する。資金能力で宣伝量に差ができる有料広告を認めてはならないし、国民投票について議席数で広報の量の配分を決めるのは妥当でない。

この法律には国民投票運動の自由に関する問題がある（公務員や教育関係者の政治活動、地位利用の制限などによって、自由な活動が制限されている）。

国民投票成立の要件をどうするか（有効投票の過半数なのか、投票総数の過半数なのかなど。また成立に必要な最低投票率規程がないため、低投票率でも成立となる、など）。

改憲の発議以降の国民投票運動期間が短すぎる。60〜180日という制限は短すぎて、改憲問題に関する熟議が保障されない。

国民投票は直接民主主義の手段として、無条件に薦められるべきものではなく、民意を問う方法としては多くの危険性をはらんでいることに注意をしておかなければならない。

過去には欧州でのナチスやナポレオンによる国民投票の濫用（プレビシット）の経験がある。フランスではナポレオン1世・3世は国民投票で皇帝になったし、ナチス・ドイツでヒトラーは国際連盟脱退賛成92％、総統就任賛成90・5％、オーストリア併合賛成99％など、国民投票を自己のファシズムの推進に活用した経験がある。

２０１６年の英国のＥＣ離脱国民投票の結果も、有権者の正当な意思のありかを表明したものとは言い難いという経験をしたばかりである。

私たちは現行改憲手続き法のもとでの国民投票が、民意を正当に反映できないものであり容認できない。

7章

これから——野党＋市民の共闘、この道しかない

沖縄統一署名
（新宿駅西口）

【野党＋市民の共闘、この道しかない】

まずもって必要なことは、今回の参院選が獲得した成果を生かし、国会外での市民運動を継続・発展・拡大し、衆議院議員総選挙に備えて、野党共同＋市民連合の体制をさらに発展させることである。

２０１６年秋以降、与党幹部は年末解散とか、年明け解散とかの発言を繰り返し、改案風を吹かし始めた。おそらく政権党によるブラフ（脅し）であるが、もしかすると、本書が世に出る頃には衆院解散もあり得るかも知れない。衆議院は、１人区が32の参議院と異なり、その大半が小選挙区であり、それは２９５選挙区がある。ここで与党を打ち破る道は、参議院選挙が示したように、立憲４野党＋市民の共同をつくり出し、候補者の一本化を図ることだ。

自民党の下村博文幹事長代行は10月24日、党内の若手議員の研修会で、「（野党が候補者を１本化した場合）次期衆院選の小選挙区で自民党の獲得議席が、前回より86減る可能性がある」との見方を示した。夏の参院選で各党候補者が得た票数を衆院選に当てはめて単純比較したと説明。その結果、２０１４年12月の衆院選小選挙区で自民党が得た２２３議席（追加公認を含む）が「１３７になる可能性もある」と指摘した。前回、与党側が獲得した全国11ブロックの比例代表議席は計68だった。別の試算では前回、衆院選の各党候補者の得票数を当てはめると、野党が共闘した場合、与党側が60議席ほど減る可能性がある。加えて、先の鹿児島県知事選挙に続いて、10月の新潟県知事選挙で与党が敗北したこともあり、与党幹部は早期解散説を流しながらも、動揺している。

いずれにしても、野党と市民が共闘し、候補者の1本化をはかれば、自民党は大きく議席を減らし、改憲発議可能な3分の2はおぼつかなくなる。その場合、こうした解散を強行した安倍晋三首相の政治責任が問われることになる。

いま、安倍政権は一部のメディアも使いながら、「野党4党＋市民」の動きをうち壊そうと懸命である。逆にいえば、これこそが与党を揺さぶる最大の要因だからである。野党各党にとって、安倍政権をうち破るには「この道しかない」のである。

民進党の新執行部は右派メディアや連合の揺さぶりに屈して、岡田前執行部が到達したこの道を修正し、野党共闘を変質させようとしているが、それは愚かなことである。

共産党と共闘すれば保守系の票が逃げ、得票が減るという攻撃は、根も葉もないものであることは参院選や新潟県知事選挙が証明している。新潟では共産、社民、自由の3党＋市民連合が、自主的に駆け付けた民進党も含めて自公に大差をつけて勝利したが、データをみると米山知事

沖縄の代表と共に銀座デモ
（2016.12.10）

は無党派層の6割、自民党支持層の3割を獲得した。まさに保守層どころか自民党支持層までつかんだのである。これは夏の参院選の1人区の結果と共通する現象である。すでに若年層も含め、かつての共産党＝アカなどという古くさいレッテル貼りが通用しない時代になっているのである。

衆議院選挙は参議院選挙と異なり、政権選択選挙であるから、野党共闘は野合だという攻撃も、根拠がない。政党が違えば綱領が違い、政治路線が必ずしも一致しないことは当然のことだ。参議院選挙ではすでに見たように、安保法制（戦争法）廃止をはじめ、市民連合と取り交わした政策合意が4党にあった。これが野合であるはずがない。国家神道に凝り固まった日本会議を背景にした改憲派の安倍自民党と、創価学会をバックにした、加憲派の公明党の連立政権よりも、よほどすっきりした合意がある。新潟では脱原発という大きな柱での合意が、県民の心をとらえた。

これらの野党共＋市民の共闘を攻撃する2つの口実はすでに完全に破綻している。「政権選択選挙」だからなどという前に、まず安倍政権の暴走を止めるために共同して闘うことである。勝利した後の政権のあり方、形態などの議論は勝利してから始めればよいことである。民進党執行部は迷うことなく、岡田執行部が到達した野党共闘路線に復帰しなくてはならない。そうすれば、市民連合をはじめ全国の市民運動は全力で

市民連合による新宿西口大街宣（2017.1.7）

後押しし、安倍政権与党を打ち破る共同のたたかいに立つだろう。再度くりかえす、「この道しかない」のである。

【暴走する安倍政権とのたたかいは車の両輪で】

ひきつづき安倍政権との対決をすすめる。そのカギは市民運動の高揚をめざすたたかいと、野党共闘と共に選挙に取り組むことを、車の両輪として推進することである。

２０１５年安保闘争を経て、全国の市民運動は新しい選挙のたたかい方を学んだ。この教訓に沿って市民連合と共に国会や選挙をたたかうのが、一方の車の輪である。

もう片方の輪は市民運動である。総がかり行動実行委員会のような共同した運動を全国の津々浦々につくり出し、普遍化することである。これを通じて広範な無党派層をも含む共同の運動を発展させ、世論を喚起することである。

安倍政権の悪政の下で、市民にとって切実な課題は山積している。戦争法の廃止と立憲主義の回復を高く掲げながら、沖縄の辺野古新基地建設・高江ヘリパッド建設阻止、海兵隊全面撤退、地位協定の抜本改定などの課題を沖縄から全国的に共有・発展させながら、脱原発や、ＴＰＰ反対、アベノミクスが推進する新自由主義的政策の下での格差・貧困拡大などに反対する課題に取り組んでいくことが必要だ。これらを文字通

街宣チームの締めはいつも合唱

り総がかりで連携し、たたかいのうねりをつくり出していく。

この広範に共同した両輪のたたかいこそ、この社会の困難を突破し、前途を切り開くものである。「総がかり行動実行委員会」と「市民連合」の前進と発展こそ、その成功の保障である。

【米山隆一新潟県知事誕生】

民進党の蓮舫代表は代表選挙出馬に際して、8月5日の記者会見で「共産党などとの野党共闘を進めた岡田克也代表の路線を継承する」考えを示し、改憲については「9条は絶対に守る」としつつ「(国会の憲法)審査会が動いたら積極的に参加する」と主張した。次期衆院選では「政権選択選挙で、綱領や政策が違うところと一緒に政権をめざすことはあり得ない」と言いながら、一方で、野党間の選挙協力については「これまでの基本的枠組みは維持」するとした。

蓮舫代表は新執行部体制確立後の初めての野党党首会談（9月23日）では、「次の衆院選の野党共闘については、岡田克也前代表時代の4党合意を踏襲し『できる限り協力する』ことで一致した。そして、目前に控えていた衆院東京10区と福岡6区の両補欠選挙（10月23日投開票）への対応は、4党の幹事長・書記局長間で協議する方針を確認した。これでどうやら、野党共闘路線は継承されたように見えたが、実際に新潟県知事選と、新執行部初の国政選挙になった二つの補選は民進党にとって

聴衆とスタッフで山のようになる街宣
(2017.1.7)

は惨憺たるものとなった。

10月29日、「市民連合」は「今こそ『個人の尊厳を擁護する政治』実現のために市民と立憲野党の共闘の深化を」と題する見解を発表した。

その中で、新潟県知事選については「原発再稼働やTPPなどの重要争点に関して、県民の尊厳ある安全な暮らしを守ることを最優先とする姿勢を明確に打ち出した米山隆一さんが、当初の困難な見通しを見事くつがえし、快勝しました。米山隆一さんは、『新潟に新しいリーダーを誕生させる会』などに結集した新潟県の市民の皆さんの力強い支援と、共産・自由・社民各党の推薦を受けた候補者でした。自主投票とはいえ、蓮舫代表も含めた民進党の多くの議員も応援に入るなかで実現した、市民と立憲野党の共闘の貴重な勝利と言えます」と評価し、他方、10月23日に投開票が行われた東京10区と福岡6区における衆議院補欠選挙については、野党統一候補の2人と「地元の市民団体の精一杯の頑張りにもかかわらず、与党から両議席を奪い取ることができませんでした。立憲野党は候補者の一本化には何とかこぎつけたものの、一部で野党共闘に関する後ろ向きな態度が目立ちました」と指摘した。

そのうえで、「これらの選挙結果を踏まえて、私たち市民連合は、特定の業界の事情や狭い利害に振り回されることなく、市民と立憲野党(民進党、共産党、自由党、社民党)の共闘をいっそう深化させることを求めます。立憲野党はすでに幹事長・書記局長協議において、参議院選挙前の4党首間の合意事項を改めて確認しています。これには、安保法制の廃止、雇用、社会保障、保育、男女平等、ＬＧＢＴ差別解消などの分野で共同提出した15法案を軸とした共通政策に加えて、衆議院選挙においてできるだけの協力を行うことなどが含まれています。この流れを維持、促進させることが必要です。とりわけ最大野党である民進党には、市民と立憲野党の共闘をいっそう力強いものとするために、今こそリーダーシップを発揮する責任があると考えます。私たち市民連合は、安保法制の廃止と立憲主義の回復、そして個人の尊厳を擁護する政治を実現するために、市民とともに歩みを進める立憲野党の共闘を求めます」と、市民連合の立場を明らかにした。

近づく衆議院選挙をめぐって、自民党は党内で危機感を煽り立てている。

自民党は野党共闘による候補者の1本化を極度におそれ、この分断をはかっている。この自民党の狙いに合致した形で動いているのが連合・神津会長らである。

連合の神津里季生会長は10月4日の連合中央委員会で以下のように述べた。

「（32の1人区の11勝21敗という結果だけをとらえて成否を語るのは早計だ）とくに、次の国政選挙は衆議院選挙、すなわち政権選択選挙であるため、政策の一致が不可欠の前提となります。確かに、小選挙区制のもとで野党がバラバラに動いていては、巨大与党に対峙し、勝利するのは非常に困難なことも事実です。しかし、民進党が真の党勢回復をめざすのであれば、目先の利益にとらわれることなく、責任をもって政権を担いうる政党であることを、国民・有権者に明確に示すことが最も肝要です」と、野党共闘にブレーキをかける一方、神津会長は自民党の二階俊博幹事長と会談し、政策面で意見交換していくことで一致した。なにをかいわんやである。

これらの連合の動きに対しては連合内部からも強い批判が出ている。8月15日、自治労・川本淳中央執行委員長は、夏の参院選における野党共闘を評価しつつ、「1人区で推薦を見送った地方連合会もある」と指摘。「独裁化に向かっている安倍政権に対し、もっと連帯して闘うべきだったのではないか。（連合は）もう少し胸襟を開いてもいいと思う」と発言した。自治労は連合内最大の労組であり、全国すべての都道府県に組織を持っているだけに、注目に値する動きである。

共産党の志位和夫委員長は10月27日の記者会見で、「次期衆院選で市民と野党の〝本気の共闘〟を実現するために、他の野党と話し合っていきたい」と表明し、「〝本気の共闘〟をやるうえで、民進党が連合指導部との関係をどうするのかという問題があります」と述べた。「この間、連合指導部は、民進党に対して、『共産党とは一線を画せ』と繰り返し要求しています。この連合指導部の要求にどう対応するのか。この要求に従う道を選ぶのか、それとも野党と市民の共闘に真剣に取り組む道を選ぶのか―このことがいま民進党に問われていると思います。ここは決断が必要です」とのべた。

29日、野田幹事長は「次期衆院選で野党がバラバラではいけない。一定の野党共闘は必要だ。一方で応援団の人たちにもいろいろな意見がある。（共産党か連合かの）二者択一の話ではない」と述べた。

連合の動向も含めて、今後も各政党間のこうした綱引きがくり返されるだろう。しかし、明白なことは民進党執行部が自公政権を打ち破ろうとすれば、「立憲野党4党＋市民の共闘、この道しかない」のである。今後、多少のジグザグはあれ、２０１５年安保をたたかいぬいた全国の市民運動は、安倍政権を打倒し、この社会の未来を切り開くたたかいにおいて確信をもってこの道を進むだろう。

あとがき

２０１６年11月20日、国連ＰＫＯ派遣第11次隊の先発隊として陸自第９師団第５普通科連隊を中心に１３０名が南スーダンに向けて青森空港を出発した。その後、計３５０名程度が派兵された。政府のさまざまな弁解をよそに、現在、南スーダンは内戦状態であり、今回、戦争法にもとずいて「駆け付け警護」や「宿営地共同防衛」などの新任務を付与されて派遣された自衛隊の部隊が、現地で戦闘に巻き込まれるおそれは極めて大きい。

１９４５年の敗戦以来、日本の武装力が海外での戦闘で敵対勢力を殺したり、殺されたりすることはなかったが、もはや時間の問題で、その歴史に終止符がうたれる可能性が濃厚になった。

戦後70年と言われるが、明治維新以来１５０年弱の日本近代史の中で、１９４５年はほぼ半分の位置にあたる。この年を境にしてそれ以前の歴史は「10年に１回は戦争があった」と言われるような戦争の時代であり、それ以降の歴史は戦争で一発の銃弾も撃つことがなかった時代である。いま、この世界史的にもまれな日本の「戦後の歴史」が終わるかも知れない時にある。

こうした時代を招いたのは安倍晋三政権である。彼は早くから「戦後レジームからの脱却」を唱え、日本国憲法に代表される「戦後的なもの」の破壊を企ててきた。私たちも含め、市民運動はこの安倍政権の企てに全力で抗って、ブレーキをかけてきたが、とうとうここまで引きずられてきてしまった。

しかし、私たちはあきらめていない。この本に記録した「２０１５年安保」のたたかいとそれがつくり出した財産、たたかいの教訓は今日、全国の市民運動のなかに受け継がれており、その運動の流れは、2017年初頭に至った現在でも止まるを知らない。海外派兵阻止をめざした2015年安保闘争は、いま、南スーダンからの自衛隊の撤退と戦争法の廃止、憲法改悪阻止のたたかいに受け継がれている。私たちはこの闘いを柱に据えて、戦争法と一体の共謀罪阻止の運動、さらに沖縄に対する基地の押しつけに反対する課題、原発の再稼働に反対し脱原発をめざす課題、アベノミクスなど新自由主義の政策の下で拡大する格差・貧困をなくす課題などなどを総結集して、安倍政権を倒すたたかいを組織し、前途を切り開こうとしている。

このたたかいは容易ではないが、「希望」あるたたかいだと考えている。2015年、私たちは「立憲野党4党+市民」という数式にその希望を探り当てた。このことこそ、本書の中で、筆者が読者のみなさんに伝えたかったことである。

本書の発行にあたって、多くのみなさんにご協力頂いた。校正に協力してもらった土井登美江さんをはじめ、とりわけこの大激動の期間、苦楽を共にしてくださった市民運動の仲間のみなさんには、お一人、お一人の顔を思い起こしながら、心からお礼を申し上げたい。また写真の提供を快く了解して頂いた金浦蜜鷹さん、olive newsさんにお礼を申し上げたい。そして、いろいろとご面倒をおかけした出版元の梨の木舎の羽田ゆみ子さんにお礼を申し上げたい。

高田　健

二〇一七年二月

【2016 年】

01/04 月	戦争法廃止！　安倍内閣退陣！　1・4 国会開会日総がかり行動　3800 人
01/05 火	新宿駅西口大街頭宣伝　5000 人
01/19 火	戦争法廃止！ 安倍内閣退陣！　1・19 国会前総がかり行動 5800 人
02/19 金	安保法制（戦争法）廃止法案を国会へ！ 2・19 国会議員会館前集会　7800 人
02/21 日	止めよう！ 辺野古新基地建設 2.21 国会大包囲 2 8000 人
02/26 金	野党共闘で戦争法廃止へ！ 2.26 集会　800 人
03/19 土	戦争法廃止！ 安倍政権の暴走許さない 3・19 総がかり日比谷大集会　5600 人
03/29 火	戦争法施行に抗議する国会前行動　37000 人
04/17 日	市民連合がリレートーク　「民主主義ってなんだ？」900 人
04/19 火	私たちはあきらめない！ 戦争法廃止へ！ 安倍政権は退陣へ！ 7500 人
05/03 火	平和といのちと人権を！ 5・3 憲法集会　50000 人
05/19 木	安倍内閣退陣！ 参院選勝利 5・19 総がかり行動に 4800 人
06/05 日	明日をきめるのは私たちー政治を変えよう！　6・5 全国総がかり大行動 40000 人
06/19 日	沖縄県民大会に呼応するいのちと平和のための 6・19 大行動　国会前集会に 1 万人
07/19 火	戦争法廃止・憲法改悪は許さない　7・19 総がかり行動に 4500 人
08/19 金	戦争法廃止！ 憲法改悪は許さない！ 8・19 国会前総がかり行動に 3000 人
09/19 月	強行採決のあの日から 1 年　戦争法廃止！ 9・19 国会正門前行動に 2 万 3 千人
10/19 水	「戦争法廃止！ 安倍内閣退陣！ 国会正門前集会 9500 人
11/03 木	秋の憲法集会　解釈で憲法 9 条を壊すな！実行委員会　400 人　韓国 YMCA
11/07 日	12・6 を忘れない 6 日行動　議員会館前
11/15 火	南スーダン派兵新任務付与閣議決定抗議早朝行動　官邸前　350 人
11/19 土	安倍政権の暴走止めよう！自衛隊は南スーダンから撤退せよ！ 11・19 国会議員会館前行動　3800 人
12/19 月	安倍政権の暴走止めよう！自衛隊は南スーダンから撤退せよ！ 12・19 国会議員会館前行動　3000 人

【2017 年】

01/07 土	阿倍政権打倒！ 市民連合新宿西口街頭宣伝 2500 人
01/19 木	阿倍政権の暴走を止めよう！ 自衛隊は南スーダンから撤退せよ！ 1・19 国会議員会館前行動 3000 人
01/20 金	阿倍政権の暴走止めよう！ 1・20 国会開会日行動 600 人

【2015年】

01/17 土	「女の平和」ヒューマンチェーン。赤を身につけて7000人の女たち
01/26 月	安倍政権の暴走に反対する１・２６国会前行動（総がかり）2500人
03/13 金	戦争関連法制反対！密室協議で勝手に決めるな！ ３・１３国会前行動（朝）（壊すな！実）55人
03/20 金	戦争関連法制反対！密室協議で勝手に決めるな！ ３・20国会前行動・朝（壊すな！実）120人
04/27 月	日米ガイドライン改定反対！ ４・27官邸前行動（総がかり）800人
05/03 日	５・３憲法集会（５．３憲法集会実行委員会）30000人
05/12 火	許すな！ 戦争法案 戦争させない・９条壊すな！ ５・12集会（総がかり）2800人
05/14 木	戦争法制閣議決定・国会提出抗議 ５・14首相官邸前集会（朝）（総がかり）500人
05/21 木	戦争法案反対国会前集会（総がかり）※木曜行動初日 850人
05/24 日	辺野古新基地建設反対！ 国会包囲行動（「5・24首都圏アクションヒューマンチェーン」実行委員会主催／総がかりは協力）15000人
05/26 火	戦争法案の審議入りに抗議する５・26緊急国会前行動（総がかり）900人
05/28 木	５・28戦争法案反対国会前集会（総がかり）1100人
06/04 木	(6:4 ６・４戦争法案反対国会前集会（総がかり）1400人
06/11 木	６・11戦争法案反対国会前集会（総がかり）1700人
06/14 日	とめよう！ 戦争法案　集まろう！ 国会へ６·14国会包囲行動(総がかり）25000人
06/15 月	戦争法案反対・国会前連続座り込み行動（総がかり）500人
06/16 火	戦争法案反対・国会前連続座り込み行動（総がかり）
06/17 水	戦争法案反対・国会前連続座り込み行動（総がかり）
06/18 木	戦争法案反対・国会前連続座り込み行動（総がかり）／６・18戦争法案反対国会前集会（総がかり）2000人
06/19 金	戦争法案反対・国会前連続座り込み行動（総がかり）
06/22 月	戦争法案反対・国会前連続座り込み行動（総がかり）
06/23 火	戦争法案反対・国会前連続座り込み行動（総がかり）
06/24 水	戦争法案反対・国会前連続座り込み行動（総がかり）／とめよう！戦争法案　集まろう！国会へ６・24国会包囲行動（総がかり）30000人
06/25 木	６・25戦争法案反対国会前集会（総がかり）1000人
07/02 木	７・２戦争法案反対国会前集会（総がかり）1800人
07/09 木	７・９戦争法案反対国会前集会（総がかり）1500人
07/14 火	戦争法案廃案！強行採決反対！ ７・14大集会（総がかり）20000人
07/15 水	７・15緊急抗議行動（総がかり）2300人
07/15 水	強行採決反対！ 国会正門前行動（総がかり）25000人
07/16 木	強行採決反対！ 国会正門前行動（総がかり）
07/17 金	強行採決反対！ 国会正門前行動（総がかり）
07/23 木	７・23戦争法案反対国会前集会（総がかり）2000人
07/26 日	とめよう！ 戦争法案　集まろう！ 国会へ７·26国会包囲行動(総がかり）25000人

07/27 月	7・27 戦争法の廃案を要求する緊急行動（総がかり）400 人
07/28 火	戦争法案廃案！ 7.28 日比谷集会＆デモ（総がかり）15000 人
07/30 木	7・30 戦争法案反対国会前集会（総がかり）2500 人
08/06 木	8・6戦争法案反対国会前集会（総がかり）3000 人
08/13 木	8・13 戦争法案反対国会前集会（総がかり）2000 人
08/20 木	8・20 戦争法案反対国会前集会（総がかり）2300 人
08/26 水	日本弁護士連合会主催 日比谷大集会（日本弁護士会連合会／総がかりは協力））4000 人
08/27 木	8・27 戦争法案反対国会前集会（総がかり）2400 人
08/30 日	戦争法案廃案！ 安倍政権退陣！ 8・30 国会 10 万人・全国 100 万人大行動（総がかり）※ 12 万人＆全国 1000 個所以上同時行動 12 万人
09/03 木	9・3戦争法案反対国会前集会（総がかり）2100 人
09/09 水	戦争法案廃案！ 安倍政権退陣！9・9日比谷大集会（総がかり）5500 人
09/10 木	戦争法案廃案！ 国会正門前行動（総がかり）※第一部の参加者の人数 4000 人
09/11 金	戦争法案廃案！ 国会正門前行動・座り込み（総がかり）／戦争法案廃案！ 国会正門前行動（総がかり）8400 人
09/12 土	止めよう！ 辺野古埋立て9・12 国会包囲行動（止めよう！辺野古埋立て9・12 国会包囲行動実行委／総がかりは協力）22000 人
09/14 月	戦争法案廃案！ 国会正門前行動（座り込み）（総がかり）／戦争法案廃案！国会正門前行動（総がかり）45000 人
09/15 火	中央公聴会開催抗議緊急行動（総がかり）
09/15 火	戦争法案廃案！ 国会正門前行動（座り込み）（総がかり）／戦争法案廃案！ 国会正門前行動（総がかり）10000 人
09/16 水	戦争法案廃案！ 国会正門前行動（座り込み）（総がかり）／戦争法案廃案！ 国会正門前行動（総がかり）35000 人
09/17 木	戦争法案廃案！ 国会正門前行動（座り込み）（総がかり）／戦争法案廃案！ 国会正門前行動（総がかり）30000 人
09/18 金	戦争法案廃案！ 国会正門前行動（座り込み）（総がかり）／戦争法案廃案！ 国会正門前行動（総がかり）40000 人
09/19 土	（朝の緊急行動）（総がかり）300 人
09/23 水	9・23 さようなら原発 さようなら戦争 全国集会（「さようなら原発」一千万署名市民の会／総がかりは協力）25000 人
09/24 木	9・24 戦争法案反対国会前集会（総がかり）5000 人
10/01 木	浅沼稲次郎さんを追悼し、未来を語る集会～日本の民主主義を考える（浅沼稲次郎さんを追悼し未来を語る集会実行委員会／総がかりは協力）
10/08 木	10・8戦争法廃止！ 安倍内閣退陣！総がかり行動集会（総がかり）1750 人
10/19 月	私たちはあきらめない！ 戦争法廃止！ 安倍内閣退陣！国会正門前集会（総がかり）9500 人
11/19 木	私たちはあきらめない！ 戦争法廃止！ 安倍内閣退陣！国会正門前集会（総がかり）9000 人
12/19 土	自衛隊を戦場に送るな！ 総がかり講演集会（総がかり）2200 人

● 2014年～2016年　国会周辺戦争法反対運動の日程一覧

注：壊すな！実＝解釈で憲法９条を壊すな！ 実行委員会、1000人委＝戦争させない1000人委員会、総がかり＝戦争させない・９条壊すな！ 総がかり行動実行委員会

【2014年】

04/08 火	解釈で憲法９条を壊すな！ ４・８大集会＆デモ（壊すな！実）5000人
04/22 火	解釈で憲法９条を壊すな！ ４・22国会前行動（壊すな！実）
05/13 火	解釈で憲法９条を壊すな！ ５・13国会包囲ヒューマンチェーン（壊すな！実）2500人
05/15 木	安保法制懇「報告書」はいらない！ ５・15緊急国会行動（壊すな！実）2000人
05/27 火	閣議決定で「戦争する国」にするな！ ５・27緊急国会行動（壊すな！実）350人
06/09 月	閣議決定で「戦争する国」にするな！ 与党協議を監視する６・９緊急官邸前行動（壊すな！実）350人
06/17 火	閣議決定で「戦争する国」にするな！ ６・17大集会（壊すな！実）5000人
06/19 木	閣議決定で「戦争する国」にするな！ 与党協議で勝手に決めるな！６・19緊急官邸前行動（1000人委／壊すな！実）1000人
06/23 月	閣議決定で「戦争する国」にするな！ 与党協議で勝手に決めるな！緊急官邸前行動（壊すな！実）500人
06/27 金	閣議決定で「戦争する国」にするな！ 与党協議で勝手に決めるな！緊急官邸前行動（朝）（1000人委／壊すな！実）
06/30 月	閣議決定で「戦争する国」にするな！ 与党協議で勝手に決めるな！緊急官邸前行動（1000人委／壊すな！実）10000人
07/01 火	閣議決定で「戦争する国」にするな！ 与党協議で勝手に決めるな！緊急官邸前行動（朝）（1000人委／壊すな！実）
07/01 火	閣議決定で「戦争する国」にするな！ 与党協議で勝手に決めるな！緊急官邸前行動（15時～）（1000人委／壊すな！実）10000人
07/13 日	「閣議決定」撤回！閉会中審査でごまかすな！ ７・13国会包囲大行動（壊すな！実）3000人
07/14 月	「閣議決定」撤回！閉会中審査でごまかすな！ ７・14国会大行動（1000人委／壊すな！実）
07/15 火	「閣議決定」撤回！閉会中審査でごまかすな！ ７・15国会大行動（1000人委／壊すな！実）
09/04 木	戦争させない・９条壊すな！総がかり行動（1000人委／壊すな！実）5500人
09/29 月	９・29「安倍政権の暴走を止めよう！」国会包囲共同行動（朝）2000人／９・29「安倍政権の暴走を止めよう！」国会包囲共同行動（夜）700人
10/08 水	閣議決定撤回！ 憲法違反の集団的自衛権行使に反対する10・８日比谷野音大集会＆パレード（日本弁護士会連合会／1000人委・壊すな！実は協力）3000人
11/11 火	戦争させない・９条壊すな！ 11・11総がかり国会包囲行動（1000人委／壊すな！実）7000人
12/20 土	解釈で憲法９条を壊すな！ 実行委員会　年末大講演会（壊すな！ 実）150人

著者プロフィール
高田　健（たかだ・けん）

1944年12月 福島県郡山市生まれ／1965年 早稲田大学文学部中退／1999年 許すな！ 憲法改悪・市民連絡会結成／2007年4月 衆議院憲法調査特別委員会中央公聴会の公述人で論述／2014年2月 戦争をさせない1000人委員会結成に際し事務局次長／2014年3月 解釈で憲法9条を壊すな！ 実行委員会結成に参加／2014年12月 戦争させない・9条壊すな！ 総がかり行動実行委員会結成に参加／2015年12月 韓国の第3回李泳禧賞受賞／2015年12月 安保法制廃止と立憲政治回復のための市民連合（略称：市民連合）結成よびかけに参加 運営委員／2016年9月 戦争させない・9条壊すな！ 総がかり行動実行委員会共同代表

連絡先：〒101-0061　東京都千代田区三崎町2－21－6－301
Tel: 03－3221－4668　Fax: 03－3221－2558　mail: kenpou@annie.ne.jp

○著書 『改憲・護憲 何が問題か～徹底検証・憲法調査会』（技術と人間 2002年12月）／『護憲は改憲に勝つ～憲法改悪国民投票にいかに立ち向かうか』（同 2004年10月）／『９条がこの国を守ってきた。』（梨の木舎 2006年9月）／『自衛隊ではなく、9条を世界へ」（同 2008年10月）
○共著 『中高生からの平和憲法Ｑ＆Ａ』（晶文社 2011年8月）など

教科書に書かれなかった戦争Part 65
2015年安保、総がかり行動 大勢の市民、学生もママたちも学者も街に出た。

2017年3月19日　初版発行
著　者：高田　健
装　丁：宮部浩司
発行者：羽田ゆみ子
発行所：梨の木舎
〒101－0051
東京都千代田区三崎町2－2－12 エコービル
Tel. 03-6256-9517
fax. 03-6256-9518
e メール　info@nashinoki-sha.com
http://nashinoki-sha.com
ＤＴＰ：具羅夢
印刷所：株式会社 厚徳社

33. ヨーロッパ浸透の波紋 一安土・桃山期からの日本文化を見なおす	海原峻著	2500 円	
34. いちじくの木がたおれぼくの村が消えた一クルドの少年の物語	ジャミル・シェイクリー著	1340 円	
35. 日本近代史の地下水脈をさぐる 一信州・上田自由大学への系譜	小林利通著	3000 円	
36. 日本と韓国の歴史教科書を読む視点	日本歴史教育研究会編	2700 円	品切
37. ぼくたちは 10 歳から大人だった 一オランダ人少年抑留と日本文化	ハンス・ラウレンツ・ズヴィッツァー著	5000 円	
38. 女と男のびやかに歩きだすために	彦坂諦著	2500 円	
39. 世界の動きの中でよむ　日本の歴史教科書問題	三宅明正著	1700 円	
40. アメリカの教科書に書かれた日本の戦争	越田　稜著	3500 円	
41. 無能だって？それがどうした?! 一能力の名による差別の社会を生きるあなたに	彦坂諦著	1500 円	
42. 中国撫順戦犯管理所職員の証言一写真家新井利男の遺した仕事	新井利男資料保存会編	3500 円	
43. バターン遠い道のりのさきに	レスター・I．テニー著	2700 円	
44. 日本と韓国の歴史共通教材をつくる視点	歴史教育研究会編	3000 円	品切
45. 憲法９条と専守防衛	箕輪登・内田雅敏 / 著	1400 円	
47. アメリカの化学戦争犯罪	北村元著	3500 円	
48. 靖国へは行かない。戦争にも行かない	内田雅敏著	1700 円	
49. わたしは誰の子	葉子・ハュス - 綿貫著	1800 円	
50. 朝鮮近代史を駆けぬけた女性たち３２人	呉香淑著	2300 円	
51. 有事法制下の靖国神社	西川重則著	2000 円	
52. わたしは、とても美しい場所に住んでいます	基地にＮＯ!アジア・女たちの会編	1000 円	
53. 歴史教育と歴史学の協働をめざして 一ゆれる境界・国家・地域にどう向きあうか	坂井俊樹・浪川健治 / 編著	3500 円	
54. アボジが帰るその日まで	李煕子・竹見智恵子 / 著	1500 円	
55. それでもぼくは生きぬいた 一日本軍の捕虜になったイギリス兵の物語	シャーウィン裕子著	1600 円	
56. 次世代に語りつぐ生体解剖の記憶 一 元軍医湯浅さんの戦後	小林節子著	1700 円	
57. クワイ河に虹をかけた男一元陸軍通訳永瀬隆の戦後	満田康弘著	1700 円	
58. ここがロードス島だ、ここで跳べ、	内田雅敏著	2200 円	
59. 少女たちへのプロパガンダ 一「少女倶楽部」とアジア太平洋戦	長谷川潮著	1500 円	
60. 花に水をやってくれないかい？ 一 日本軍「慰安婦」にされたファン・クムジュの物語	イ・ギュヒ著 / 保田千世：訳	1500 円	
61. 犠牲の死を問う一日本・韓国・インドネシア	高橋哲哉・李泳采・村井吉敬 / コーディネーター内海愛子	1600 円	
62. ビデオ・メッセージでむすぶアジアと日本 ――わたしがやってきた戦争のつたえ方	神直子 著	1700 円	
63. 朝鮮東学農民戦争を知っていますか? ――立ちあがった人びとの物語	宋基淑 著・中村修 訳	2800 円	
64. 韓国人元BC級戦犯の訴え――何のために、誰のために	李鶴来 著　解説 内海愛子	1700 円	

●シリーズ・教科書に書かれなかった戦争――既刊本の紹介●

1. 教科書に書かれなかった戦争	アジアの女たちの会編	1650円	
2. 増補版 アジアからみた「大東亜共栄圏」	内海愛子・田辺寿夫/編著	2400円	
3. ぼくらはアジアで戦争をした	内海愛子編	1650円	
4. 生きて再び逢ふ日のありや―私の「昭和百人一首」	高崎隆治撰	1500円	在庫僅少
5. 増補版 天皇の神社「靖国」	西川重則著	2000円	在庫僅少
6. 先生、忘れないで！	陳野守正著	2000円	
7. 改訂版 アジアの教科書に書かれた日本の戦争―東アジア編	越田稜編著	2200円	
8. 増補版 アジアの教科書に書かれた日本の戦争―東南アジア編	越田稜編著	2500円	
9. 語られなかったアジアの戦後―日本の敗戦・アジアの独立・賠償	内海愛子・田辺寿夫編著	3107円	品切
10. 増補版 アジアの新聞が報じた自衛隊の『海外派兵」と永野発言・桜井発言	中村ふじゑ他翻訳・解説	2700円	
11. 川柳にみる戦時下の世相	高崎隆治選著	1825円	
12. 満州に送られた女たち大陸の花嫁	陳野守正著	2000円	品切
13. 増補版 朝鮮・韓国は日本の教科書にどう書かれているか	君島和彦・坂井俊樹編／著	2700円	在庫僅少
14.「陣中日誌」に書かれた慰安所と毒ガス	高崎隆治著	2000円	
15. ヨーロッパの教科書に書かれた日本の戦争	越田稜編著	3000円	
16. 大学生が戦争を追った―山田耕筰さん，あなたたちに戦争責任はないのですか	森脇佐喜子著・解説高崎隆治・推薦内海愛子	1650円	
17. １００冊が語る「慰安所」・男のホンネ	高崎隆治編・著		品切
18. 子どもの本から「戦争とアジア」がみえる―みんなに読んでほしい300冊	長谷川潮・きどのりこ／編著	2500円	
19. 日本と中国－若者たちの歴史認識	日高六郎編	2400円	品切
21. 中国人に助けられたおばあちゃんの手からうけつぐもの	北崎可代著	1700円	
22. 新装増補版・文玉珠－ビルマ戦線楯師団の「慰安婦」だつた私	語り・文玉珠／構成と解説森川万智子	2000円	
23. ジャワで抑留されたオランダ人女性の記録	ネル・ファン・デ・グラーフ著	2000円	
24. ジャワ・オランダ人少年抑留所	内海愛子他著	2000円	
25. 忘れられた人びと―日本軍に抑留された女たち・子どもたち	S・F・ヒュ－イ著・内海愛子解説	3000円	
26. 日本は植民地支配をどう考えてきたか	和田春樹・石坂浩一編	2200円	
27.「日本軍慰安婦」をどう教えるか	石出法太・金富子・林博史編	1500円	
28. 世界の子どもの本から「核と戦争」がみえる	長谷川潮・きどのりこ／編著	2800円	
29. 歴史からかくされた朝鮮人満州開拓団と義勇軍	陳野守正著	2000円	
30. 改訂版 ヨーロッパがみた日本・アジア・アフリカ―フランス植民地主義というプリズムをとおして	海原峻著	3200円	
31. 戦争児童文学は真実をつたえてきたか	長谷川潮著	2200円	
32. オビンの伝言―タイヤルの森をゆるがせた台湾・霧社事件	中村ふじゑ著	2200円	

20. 46. 欠番　価格は本体表記（税抜）

愛を言い訳にする人たち
――DV加害男性700人の告白

山口のり子 著
A5判/192頁／定価1900円＋税

978-4-8166-1603-3

◉目次　1章　DVってなんだろう?／2章 DVは相手の人生を搾取する／3章 DV加害者と教育プログラム／4章 DV加害者は変わらなければならない／5章 社会がDV加害者を生み出す／6章 DVのない社会を目指して　DVとは何か?　なぜDVするのか?　加害男性の教育プログラム実践13年の経験から著者は言う、「DVに関係のない人はいないことに、気づいてほしい」

傷ついたあなたへ
――わたしがわたしを大切にするということ

ＮＰＯ法人・レジリエンス 著
A5判/104頁／定価1500円＋税

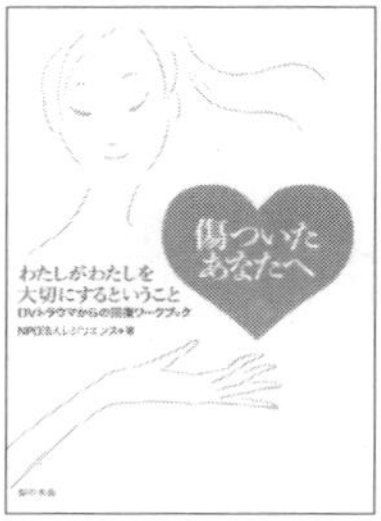

978-4-8166-0505-5

◆ＤＶは、パートナーからの「力」と「支配」です。誰にも話せずひとりで苦しみ、無気力になっている人が、ＤＶやトラウマとむきあい、のりこえていくには困難が伴います。
◆本書は、「わたし」に起きたことに向きあい、「わたし」を大切にして生きていくためのサポートをするものです。

傷ついたあなたへ 2
――わたしがわたしを幸せにするということ

ＮＰＯ法人・レジリエンス 著
A5判/85頁／定価1500円＋税

978-4-8166-1003-5

ロングセラー『傷ついたあなたへ』の２冊目です。Ｂさん（加害者）についてや、回復の途中で気をつけておきたいことをとりあげました。◆あなたはこんなことに困っていませんか？　悲しくて涙がとまらない。どうしても自分が悪いと思ってしまう。明るい未来を創造できない。この大きな傷つきをどう抱えていったらいいのだろう。

マイ・レジリエンス
――トラウマとともに生きる

中島幸子 著
四六判／ 298頁／定価2000円＋税

978-4-8166-1302-9

DV をうけて深く傷ついた人が、心の傷に気づき、向き合い、傷を癒し、自分自身を取り戻していくには長い時間が必要です。４年半に及ぶ暴力を体験し、加害者から離れた後の 25 年間、PTSD（心的外傷後ストレス障害）に苦しみながらうつとどう向き合ってきたか。著者自身のマイレジリエンスです。

韓国人元BC級戦犯の訴え
——何のために、誰のために

李鶴来 著
四六判／256頁／定価1700円＋税

22歳の若者は、シンガポールの独房で、死刑執行の恐怖と8カ月向き合った——。「日本人」として裁かれ、「外国人」として援護体制から切り捨てられた不条理を問う！　91歳の著者は、今も日本政府に謝罪と補償を求め続ける。「私の頭のなかに常にあるのは、死んだ仲間、その中でも刑死者たちです。彼らは、死刑囚だった私と同じく、誰のために何のために死ぬのか、苦悶の時を過ごしたはずです」

978-4-8166-1603-7

朝鮮東学農民戦争を知っていますか？
——立ちあがった人びとの物語

著者：宋基淑（ソンギスク）訳者：仲村修　漫画：大越京子
推薦：中塚明（奈良女子大学名誉教授）
A5 判／286 頁／定価 2800 円＋税

まさに、教科書に書かれなかった日清戦争と東学農民戦争です。日清戦争は、日本と清が朝鮮を支配しようと、朝鮮半島で争った戦争でした。がさらにもうひとつのシーンがあります。清が日本に負けて朝鮮から撤退したあとも、日本は居座って、朝鮮政府を手中にして、今度は農民軍を殲滅するのです。…！

978-4-8166-1504-7

旅行ガイドにないアジアを歩く

シンガポール——旅行ガイドにないアジアを歩く

著者：高嶋伸欣・鈴木晶・高嶋道・渡辺洋介 著　フルカラー
A5判変型／160頁／定価2000円＋税

◉目次　1章 シンガポールを知りたい　2章 シンガポール史の中の日本　3章 エリアガイド　① シティ・中心部　② チャンギ・東部地区　③ ブキティマ・北西部地区　④ ジュロン・南西部地区　⑤ セントーサ島地区　⑥ お隣りへ

シンガポールは多民族国家で、熱帯で成し遂げられた工業都市、そして国際都市国家です。ところで、日本が占領した３年半に、この国にしたことを知っていますか。表面をみただけではわからないこの国の歴史と、日本の過去に出会う１冊。

978-4-8166-1601-3

原発をとめる・戦争をとめる
——わたしたちの金曜行動＋全国のさまざまなアクション＋アジアの市民運動・ハンドブック

A5判/160頁／定価1600円＋税

◉目次　電力自由化で原発に鉄槌を下す時機が到来した・広瀬隆／核支配社会からの離脱を・鎌田慧／〇いま福島で／〇アジアの市民運動　香港・韓国・ミャンマー／●全国のさまざまなアクショングループ一覧／●安保関連法案に関する決議をあげた地方議会一覧（521議会）市民運動をネットワークしよう。ノーと言い続ける市民運動93を紹介する。

978-4-8166-1602-0